Les secrets de vos rêves

Tobie Nathan

Les secrets de vos rêves

Odile Jacob

Illustrations : © Éloïse Oddos pour *Psychologies Magazine*

15, rue Soufflot, 75005 Paris

www.odilejacob.fr

ISBN : 978-2-7381-3462-2

« C'est en effet grâce à deux états que l'homme conquiert la sensation du délice d'exister, le rêve et l'ivresse. La belle apparence du monde des rêves, au sein duquel tout homme est pleinement artiste, est la mère de tout art plastique… »

Friedrich NIETZSCHE,
La Vision dionysiaque du monde,
Paris, Allia, 2016.

PRÉAMBULE

... Premiers mots, premiers pas ...

J'avais à peine terminé mes études que je commençais aussitôt à écouter des personnes en souffrance, leurs questions, leurs énigmes et, toujours, leurs rêves. Psychologue ! Il faudrait prendre le mot à la lettre, selon son étymologie : « Qui sait parler de l'âme, qui a quelque chose à en dire. » Ce n'est pas ce qu'on apprend à l'université !

J'ai reçu mon premier patient en 1972 – voilà bientôt quarante-cinq ans – et je me souviens de lui avoir posé la question : « Avez-vous rêvé la nuit dernière ? »... et de sa réponse : « Non ! J'ai bien dormi !... » Comme si rêver était signe d'un sommeil troublé, d'un désordre de l'organisme. Habitude d'un rationalisme qu'on confond avec la raison ; d'une pensée commune qui a tendance à dénigrer, à cause de leur caractère énigmatique, les images de la nuit. Rêver est une chance, au contraire, un don offert par la nature ; se souvenir de ses rêves une bénédiction !

À la consultation d'ethnopsychiatrie que j'ai instituée dès le tout début des années 1980, j'ai accueilli, au long des années, des personnes venant de partout, du Maghreb, d'Afrique subsaharienne, d'Amérique du Sud, d'Inde, de Chine, du Vietnam, d'Afghanistan, du Moyen-Orient… au gré des déflagrations de la planète. Chaque fois qu'ils ont accepté de me les confier, j'ai constaté que leurs rêves dessinaient un chemin parsemé de pensées riches et complexes – et, toujours, offraient une façon nouvelle de se saisir des problèmes de leur vie. Ces patients qui provenaient souvent de mondes lointains m'ont appris que si chaque culture avait sa façon de raconter le rêve et de le lire, toutes lui accordaient une place centrale, celle d'un démiurge invisible.

Au cours des années, à leur exemple, j'ai pris l'habitude de considérer le rêve comme un guide, et, au fond de moi, couvait le désir d'exposer au plus grand nombre la façon de s'approprier les conseils surgis des ténèbres. J'ai eu la chance de recevoir des centaines de rêves que m'ont adressés les lecteurs de *Psychologies Magazine*. Ces rêves ont constitué la matière première de ce livre. On trouvera ici leur description précise, mais aussi les fragments de vie que charrient toujours les rêves. On y lira comment on remonte, et toujours avec l'aide du rêveur, du récit aux pensées et de ces pensées aux conseils pratiques qui permettent au rêve de s'accomplir dans la vie.

Je crois qu'il n'existe pas de significations automatiques, mais toujours un chemin intime, qui n'appartient qu'au rêveur, seul capable de vous guider à travers les circonvolutions de ses pensées. On ne trouvera donc ici ni dictionnaire des symboles, ni de sens obligé de je ne sais quel rêve « typique », mais une méthode et un aiguisement de l'esprit au travail du rêve. Je suis persuadé que chaque lecteur en sortira plus familier avec les rêves, plus curieux des siens et plus ouvert à la multitude de possibles que nous propose l'existence.

En écrivant ce livre m'est revenue une très vieille histoire, sorte de fable que me racontait ma mère lorsque j'étais enfant. Je devais avoir 4 ou 5 ans. Elle m'expliquait que, chaque jour, nous avions une âme nouvelle, qui se glissait au réveil dans notre corps pour l'habiter tout au long de la journée. Et moi qui lui demandais comment expliquer alors les souvenirs de la veille puisque l'âme était nouvelle. C'est que l'âme de la veille les racontait à l'âme du lendemain durant la nuit, en un long conciliabule qu'on appelait « le rêve ». C'est pourquoi, ajoutait-elle, il faut dormir suffisamment pour laisser le temps nécessaire au dialogue des âmes.

Charmante histoire qui n'est pas dénuée d'une certaine vérité. C'est bien le rêve qui nous permet à la fois de rester le même et de changer !

— I —

Le rêve et son interprétation

CHAPITRE 1

... Ce qui a changé dans notre perception du rêve ...

Tout le monde rêve – on le sait aujourd'hui avec certitude – longuement durant les phases de sommeil paradoxal et de manière plus brève, sans doute par flashs, tout au long de la nuit. Le fait de rêver ne tient pas à notre mauvaise digestion, comme on le pensait autrefois, ni à nos désirs, nos refoulements et nos traumatismes, pas davantage à nos angoisses, nos pensées inquiètes ou nos ruminations.

Neurologie

Rêver ne tient d'aucune contingence ; c'est l'expression d'un instinct qui s'exprimera quelle que soit notre humeur du moment, quelles que soient nos pensées de la veille. Plus étonnant, nous rêvons tous selon les mêmes séquences : toutes les 90 minutes et pour la même durée totale d'environ 80 à 90 minutes par nuit. Et s'il nous arrive de ne pas dormir une nuit, plus pressant que le sommeil, le rêve s'imposera à nous par poussées, parfois en pleine journée. C'est qu'alors nous sommes en « dette de rêve » ! Redoutable maître, qui ne pardonne pas l'infidélité d'une nuit ! Redoutable pour la personne au volant, par exemple. Car il faut le dire : on ne s'endort pas au volant ; on est happé par un rêve.

Un cerveau avec de grands yeux et un sexe en érection

Ainsi la science moderne a-t-elle établi le caractère nécessaire du rêve. Nous devons cette avancée aux neurophysiologistes et aux neurologues, aux recherches expérimentales, longues et complexes. Le savoir scientifique est ainsi. Quelquefois s'opère un grand bond en avant, *l'ouverture d'un nouveau paradigme*, et puis, durant des décennies, ce seront de petites découvertes, de petits pas, qui renforceront les acquis, exploreront les applications, hasarderont quelques percées dans des champs limitrophes. Le grand bond s'est produit au début des années 1960, lorsque William Dement, aux États-Unis, et Michel Jouvet, en France, à Lyon, ont découvert, chacun de son côté, cette phase du sommeil que le premier a nommée « sommeil à mouvements oculaires rapides » et l'autre « sommeil paradoxal ». Ils ont aussitôt proposé l'hypothèse que le rêve se déroulait durant cette phase. Auparavant, on pensait que le sommeil était d'autant plus réparateur qu'il était « profond », c'est-à-dire qu'il laissait reposer les fonctions supérieures comme la perception et l'intelligence. Jusque-là, le rêve était considéré comme un phénomène parasite, une gêne au sommeil – au mieux, comme l'avait proposé Freud en son temps, comme un « gardien du sommeil », qui se déclenche pour empêcher le réveil. Notre compréhension de nos nuits a été bouleversée par la découverte du sommeil paradoxal. On venait de comprendre que le sommeil le plus profond était aussi le plus agité. On aurait pu penser le dormeur « désactivé », comme lorsqu'on débranche un appareil électrique, puisqu'il se trouve alors en atonie musculaire, totalement déconnecté de ses sensations et de ses perceptions. On sait maintenant que, durant cette phase du sommeil, trois organes se réveillent soudain : le cerveau, dont l'activité électrique ressemble alors à celle de la veille ; les yeux, qui sont agités d'un mouvement rapide et périodique ; et le sexe, en érection, tant chez l'homme que chez la femme. Alors, si le sommeil paradoxal est bien l'espace du rêve, *le schéma du rêveur pourrait être un cerveau nanti de deux énormes yeux en mouvement et d'un pénis/clitoris en érection.*

Aujourd'hui, on nuance quelque peu l'hypothèse initiale, ayant découvert qu'on rêvait aussi à d'autres moments de la nuit. Le sommeil paradoxal reste cependant le « temps du rêve » par excellence, celui où surviennent les rêves les plus longs – les plus complexes aussi – et, à mon sens, ceux qui exigent une interprétation[1].

Psychologie

Les psychologues ont, à leur tour, récemment enrichi nos connaissances sur le rêve. Ils s'intéressent, pour leur part, spécifiquement aux textes des rêves, tentent d'en décoder la grammaire, explorent les mécanismes mentaux qu'ils mettent en œuvre et proposent des hypothèses quant à leur fonction. Mais, pour mener leurs recherches, ils avaient besoin de matériaux incontestables. Ils ont donc progressivement constitué des « banques de rêves », des bases de données comportant des dizaines de milliers de rêves, recueillis en laboratoire, au lit du rêveur, aussitôt que le rêve a été constaté. Nous voilà bien loin d'une littérature d'ouï-dire, des récits de rêves rapportés par des patients à leur psy qui les relate ensuite, à la manière d'une parabole, et toujours pour démontrer une théorie[2].

1. Pour un exposé des travaux de William Dement, on pourra consulter son ouvrage écrit avec Christopher Vaughan, *Avoir un bon sommeil*, Paris, Odile Jacob, 2000 ; et pour une synthèse des travaux de Michel Jouvet, *De la science et des rêves. Mémoires d'un onirologue*, Paris, Odile Jacob, 2013.
2. On peut facilement consulter l'une de ces banques de données mise en ligne par les équipes de recherche de l'Université de Santa-Cruz, en Californie (www.dreambank.net). Voir Isabelle Arnulf, *Une fenêtre sur les rêves*, Paris, Odile Jacob, 2014.

Les voilà donc qui interrogent ces banques de données, qui les scrutent, les soumettent à des études statistiques. Certains ont inventé des protocoles d'expérimentation pour examiner les éléments du rêve et la logique de leur assemblage. Jacques Montangero, par exemple, a démontré de manière convaincante que le rêve est avant tout une machine à fabriquer des solutions. D'après lui, le rêve sélectionne, parmi les éléments stockés dans notre mémoire, des images, des sensations, des émotions, des pensées, des mots... Il les agence ensuite jusqu'à façonner une réalité virtuelle qu'il propose pour finir au rêveur comme une expérience subjective. Il découle de cette théorie que si l'on parvient à pénétrer cette nouvelle réalité dont témoigne le récit qu'en fait le rêveur, on est, de fait, introduit tant aux problèmes avec lesquels il se débat qu'aux solutions qu'il brasse au tréfonds de sa nuit[1].

Ces deux avancées décisives de la neurologie et de la psychologie ont modifié la représentation que nous nous faisions du rêve jusqu'alors. Elles ont établi que :

1° le rêve est l'expression d'un instinct ; il survient quelle que soit la volonté (consciente ou inconsciente) du rêveur ;

---

1. Pour se convaincre des capacités créatrices du rêve, on pourra lire l'article de Jacques Montangero : « Rêve et résolution de problèmes », *Le Lezzioni italiane di Jacques Montangero*, Tirrenia Stampatori, 1996 ; et sa théorie du rêve dans son livre, *Comprendre ses rêves pour mieux se connaître*, Paris, Odile Jacob, 2007.

2° le rêve mobilise prioritairement trois organes : le cerveau, les yeux et le sexe ;
3° le rêve est une sorte de machinerie, travaillant à l'insu du rêveur et occupée à fabriquer des solutions.

Ethnopsychologie

Mais il existe un troisième domaine de recherche, bien moins exploré, il est vrai, car plus vaste que les précédents et plus difficile d'accès : l'ethnopsychologie du rêve. L'universalité du rêve, la constance de ses paramètres (sa durée, son rythme, ses manifestations physiologiques), malgré la diversité des conditions de vie, des cultures et des langues, fait de l'observation anthropologique des pratiques du rêve un champ d'investigation exceptionnel, transformant la diversité des cultures du monde en laboratoire de recherche. Là, le chercheur recueillera les témoignages de rêveurs de mondes éloignés, observera la façon dont les rêves sont relatés et leur destin – s'ils sont interprétés, s'ils donnent lieu à des paroles, à des actions, à la recherche d'objets, à l'organisation de prières ou de rites. On ne traite pas le rêve de la même façon en Sibérie, en Nouvelle-Zélande, au Mali, en Éthiopie ou à Paris. Cette fois ce sont les différences qui vont nous intéresser, les concepts, les mises en perspective, les dispositifs techniques. Nous relèverons les idées qui organisent la lecture du rêve, la façon dont chaque culture, chaque tradition lui permet de déboucher dans le monde réel. Le chercheur s'intéressera aux idées, aux pratiques, aux techniques de traitement du rêve. Et voici un aperçu de ce qu'on peut y découvrir.

Dans bien des mondes, le rêve est un phénomène collectif et non pas privé. Collectif, il l'est d'abord dans les circonstances de sa survenue. Que l'on pense un instant au cadre des nuits des Indiens du Venezuela ou du Paraguay, dans les « maisons des hamacs » en Amazonie ou dans les « longues cases » d'Indonésie ou de certaines îles de Polynésie. Les dormeurs sont à proximité les uns des autres, le balancement des hamacs au moment où se termine le rêve met les peaux en contact. Là – et c'est physique ! – rêver, c'est presque chaque fois rencontrer un tiers. Le rêve est ici, avant tout, un espace de médiation.

Le rêve est une dette

Les Indiens d'Amérique, qui ont souvent organisé des sociétés focalisées sur le rêve, au point que certains anthropologues ont parlé de « sociétés du rêve[1] », ont quasiment institué les rencontres entre les personnes au travers et au-delà de leurs rêves. Voici un rêve

1. Voir l'analyse détaillée qu'en donne Georges Devereux dans *Psychothérapie d'un Indien des plaines. Réalité et rêve* (1951), Paris, Fayard, 2013.

tiré du merveilleux livre de Michel Perrin qui relate la façon dont les Indiens guajiros du Venezuela perçoivent leurs rêves[1] :

> Meelita a eu un rêve. La fille de son amie Marilusa venait l'alerter. Elle lui demandait :
> — Viens là-bas ; viens chez nous !
> Le rêve était bref. Il consistait en l'appel de l'enfant. Sur le coup, Meelita n'y prêta pas attention. Mais le lendemain, à midi, elle eut mal partout… Et, à la tombée de la nuit, devant la persistance de ses douleurs, elle se décida à obéir à l'injonction de son rêve et se rendit chez Marilusa.
> — Que se passe-t-il ici ? demanda Meelita.
> — L'un de mes enfants est malade.
> — C'est donc cela ! Voilà pourquoi j'ai rêvé à ta fille !
> Et Meelita raconta son rêve. C'est alors que Marilusa lui demanda de souffler sur l'enfant. Meelita ne se fit pas prier. Elle alluma un gros cigare et souffla la fumée du tabac tout en massant le ventre de la gamine, sans doute en prononçant quelque incantation.
> Aussitôt cessa la diarrhée de l'enfant ! De retour chez elle, Meelita n'avait plus mal ; ses douleurs avaient disparu.

Le rêve de Meelita, si bref soit-il, est immédiatement interactif. Il la concerne, bien sûr, mais plus

1. Michel Perrin, *Les Praticiens du rêve*, Paris, PUF, 1972, p. 73-74.

encore la fille de son amie Marilusa. Aussitôt après le réveil, il s'incarne dans une douleur diffuse à laquelle Meelita ne prête pas attention. Mais le rêve insiste, du moins dans ses conséquences physiques sur la rêveuse. L'interprétation du rêve viendra de son amie, de Marilusa. On pourrait l'exprimer ainsi : « Le sens de ton rêve est que tu dois soigner ma fille. Si tu ne le fais pas, le rêve continuera à te faire souffrir. » Alors, Meelita s'exécute. Du coup, la gamine est guérie de sa diarrhée et Meelita de ses douleurs.

Je vois dans ce rêve et dans ce qu'il induit dans la vie de la rêveuse le modèle même du rêve tel qu'on peut très souvent le rencontrer chez les Indiens d'Amérique. *Là, le rêve est une dette contractée la nuit à l'égard de la vie réelle. Qui veut se débarrasser des effets nocifs du rêve est tenu d'accomplir une action. Et s'il le fait correctement, alors on peut dire que le rêve s'est réalisé. Ayant honoré sa dette, le rêveur s'est du même coup libéré de la nocivité du rêve.*

Voilà une idée forte, tirée de l'observation des pratiques d'un monde éloigné, celui des Indiens d'Amérique. Nous verrons par la suite comment nous pourrons en faire usage dans le traitement des rêves de nos contemporains.

Relations sexuelles avec les invisibles

Une autre observation, maintenant, née de la rencontre de deux mondes, l'un éloigné dans le temps, celui de l'Antiquité grecque, l'autre, contemporain, du pourtour de la Méditerranée. Je signalais plus haut que s'il fallait représenter le rêveur au moment du sommeil paradoxal, ce serait un cerveau avec des yeux et un sexe en érection. Cette image a peut-être étonné le lecteur… Elle est pourtant présente depuis toujours dans le vocabulaire de la langue arabe. Trois mots y servent en effet à désigner le rêve : *manâm*, *'hulm* et *ru'yâ*.

- *Manâm*, qui désigne le rêve de manière neutre, signifie littéralement « ce qui survient durant le sommeil » (*nôme* = « sommeil »). Ce mot est donc l'équivalent exact du grec *enupnion*… (en grec, *en* = « dans » ; *hypnos* = « le sommeil »).
- *'Hulm*, « rêve », mot le plus usité dans la langue courante, qui dérive de la racine trilitère H-L-M, renvoyant à « croître », « gonfler ». En hébreu, langue très proche de l'arabe, comme on sait, cette même racine H-L-M signifie « donner de la force » et produit un mot très semblable : *'halom*, « le rêve ».
- Enfin *ru'yâ*, plus savant, parfois poétique, qui signifie sans ambiguïté « la vision[1] ».

1. Voir la discussion de Pierre Lory, *Le Rêve et ses interprétations en Islam*, Paris, Albin Michel, 2003.

Si on regroupait ces trois mots en une seule phrase, on obtiendrait : « Le rêve est ce qui se passe durant le sommeil (*manâm*), produisant turgescence du membre sexuel (*'hulm*) et mouvement des yeux (*ru'yâ*). »

Nous voici amenés à conclure que, à l'insu des locuteurs, la langue arabe connaît de longue date les caractéristiques physiologiques du sommeil paradoxal et donc du rêve. Mais on peut se demander ici quelle sexualité se manifeste durant l'érection du sommeil paradoxal. S'il fallait la caractériser, on la dirait « automatique »... Une sexualité brute, sans objet, dénuée de désir. De là, sans doute, l'idée très répandue, tant chez les Grecs anciens, les Hébreux de l'Antiquité, les cultures du Maghreb que chez les Indiens d'Amérique, qu'un être invisible peut s'introduire dans le rêve et user de l'énergie sexuelle du rêveur à son insu ou contre son gré. Non seulement les esprits s'infiltreraient dans nos rêves, mais il peut leur arriver de violer les humains.

Les Grecs de l'Antiquité avaient élaboré cette idée au travers de la figure de la sphinge. Loin du démon intellectuel posant des questions métaphysiques à Œdipe, à en croire les représentations plastiques nombreuses, la sphinge était un démon incube assaillant les jeunes gens endormis et, profitant de l'érection du sommeil, qui s'accouplait avec eux pour s'emparer de leur sperme. À Vienne, au musée d'Éphèse, trône une statue de sphinge violant un jeune homme. Ses pattes arrière, léonines, immobilisent les pieds du dormeur. Elle brandit sa paire supérieure de seins (elle est nantie de quatre paires de seins) sous les yeux du garçon médusé. Quant à la position du jeune homme, à demi dressé sur ses bras, elle rappelle celle du laboureur violé par une sirène sur un bas-relief de l'époque alexandrine. Et le jeune homme semble rouler des yeux, son visage exprimant à la fois l'orgasme et l'effroi.

Comme je l'ai signalé, l'érection instinctive des jeunes gens, expression d'une sexualité libre d'objet, survient dans chaque rêve. Informée de cette singularité des humains qui laissent exprimer une sexualité déliée, la sphinge, parasite de nos nuits, parvient parfois à en tirer bénéfice.

Sphinge d'Éphèse

Bas-relief de l'époque alexandrine[1]

Héritiers de cette pensée grecque, les Arabes du Moyen Âge pratiquaient une hygiène du sommeil que l'on retrouve encore dans les clefs des songes actuelles : « Ne pas dormir sur le dos », « faire des prières avant de s'endormir pour se protéger des êtres du rêve »... Et si un rêve sexuel survient malgré les précautions durant la nuit, surtout s'il est accompagné de pollution, l'obligation de se purifier par des rites et des prières.

Grecs de l'Antiquité, civilisation arabe du Moyen Âge, Indiens d'Amérique, autant de cultures qui n'ignorent pas cette fragilité spécifique des humains, que leur nature expose sans protection à la convoitise

1. Voir Marie Delcourt, *Œdipe ou la Légende du conquérant*, Paris, Les Belles Lettres, 1981.

lubrique des êtres de la nuit. Derrière cette peur qui semble irrationnelle, on perçoit néanmoins une pensée théorique. Le rêve serait cet espace où le rêveur est susceptible de rencontrer des êtres invisibles – qu'ils soient non humains (esprits, démons, comme la sphinge, anges ou dieux) ou humains (comme les morts).

Le dorlis

Ailleurs, aux Antilles, surtout en Martinique, un autre type de démon vient cette fois profiter des femmes. Ni porte ni serrure ne peuvent protéger la dormeuse. Le *dorlis* s'introduit en sa nuit, se glisse dans sa couche, s'accouple avec elle, la surprenant dans son sommeil. En une demi-conscience, la femme ressent un poids énorme sur sa poitrine. Mais elle ne peut faire un geste, pas même bouger un doigt – paralysée, le corps comme de la pierre, en deçà du mouvement. Elle mesure la présence de l'esprit à la force qu'il exerce sur elle, à l'impuissance qu'elle éprouve. Violée comme du dedans, sans même la possibilité de préserver un fragment d'elle-même. Il lui fait l'amour – peut-être devrait-on dire qu'il lui prend tout, son corps, sa jouissance, et jusqu'à son désir. Au matin, trace sensible de la visite du *dorlis*, elle se réveille trempée, endolorie, des bleus sur le corps, les marques de l'étreinte.

Comme souvent, le caractère du démon est inscrit dans son nom. Le nom créole du *dorlis* dériverait de l'anglais *doorless*, « sans porte », soulignant les capacités intrusives de l'être ainsi désigné – *doorless*, car sa nature est effraction. On dit qu'il entre par le trou de la serrure, qu'il se glisse sous la porte, qu'il circule dans la maison comme un vent.

Des « maris de la nuit » que l'on connaît en Afrique centrale, où il n'est pas rare qu'une femme ait des relations sexuelles régulières avec un être du rêve, le *dorlis* antillais a tiré cette capacité à élire une victime, à la transformer en esclave sexuelle ; et des incubes de la Renaissance européenne, sa parenté avec le cauchemar. Car l'italien *incubo*, littéralement « celui qui se couche dessus », signifie « le cauchemar » – il n'est pas seulement sa manifestation, mais l'être lui-même.

On se protège du *dorlis* en versant de l'alcali ou de l'ammoniaque devant les ouvertures de la maison, ou bien du sel ou encore de l'eau bénite. On affirme que si la femme enfile une culotte bicolore, rouge à l'extérieur et noire à l'intérieur, le *dorlis* ne pourra pénétrer ni son rêve ni son corps. Si on parvient ainsi à le tromper en inversant les couleurs, c'est que, apercevant le rouge, il se croit déjà à l'intérieur de la femme et repart en sens inverse. On le dit obsessionnel. Ainsi, si on dépose un bol de sable à l'entrée de la maison, il passera sa nuit à en énumérer les grains et se laissera surprendre par le jour.

Êtres du cauchemar

Pendant de la sphinge des Grecs, le *dorlis* antillais détourne à son profit la sexualité déliée des rêves de femmes. Tous deux êtres de la nuit, ils rappellent la personnification du cauchemar, la cavale qui pèse sur la poitrine du dormeur des tableaux de Füssli.

Aujourd'hui encore, dans le monde arabe, un être spécifie le cauchemar ; on l'appelle Aboughtass, que l'on pourrait traduire par « celui de l'étouffement ». Sorte de djinn du réveil, Aboughtass assaille le dormeur, paralyse ses membres, s'assoit sur sa poitrine et l'étouffe. La personne émerge du sommeil suffoquée et paralysée avec la sensation d'une mort imminente. Les minutes d'angoisse intense qui suivent le réveil, la conscience revenant sans les capacités motrices... Dans les pays du Maghreb, la culture populaire attribue l'irruption d'Aboughtass à une faute grave commise par le dormeur ; on lui conseille par conséquent de se purifier pour obtenir le pardon. Quant à la neurologie moderne, elle interprète ce type de symptôme comme le signe d'une « apnée du sommeil » et prescrit, elle aussi, d'éviter de s'endormir sur le dos.

Ces faits sont très répandus, dans de nombreuses cultures, laissant à penser que le rêve est souvent conçu comme *l'espace où les humains sont susceptibles de rencontrer des êtres qui demeurent invisibles à l'état de veille.* Je veux parler des êtres mythiques, comme la sphinge, le *dorlis* ou le djinn Aboughtass, bien sûr, mais aussi des saints, des divinités et, bien sûr, des morts…

Croiser les morts

Les Indiens d'Amérique, bien plus que les Grecs de l'Antiquité, semblent obsédés par la rencontre nocturne avec les morts… Selon mon bon maître, Georges Devereux, auteur d'une magistrale « ethnopsychiatrie mohave[1] », les Indiens qu'il a fréquentés durant près de vingt ans étaient certains qu'on devenait fou après s'être accouplé en rêve avec un spectre, soit qu'il se soit présenté spontanément, soit qu'il nous ait été expédié par un sorcier maléfique.

Encore un exemple tiré des *Praticiens du rêve* de Michel Perrin. C'est le rêve de Kaarulo Hinnu :

> J'ai rencontré en rêve le père de mon grand-père.
> Je l'ai heurté, je l'ai touché avec le bras.
> Sans un mot, il m'a sucé et j'ai frissonné.
> Je l'ai saisi, j'ai lutté avec lui.
> C'était un vrai cauchemar, j'avais peur.

---

1. Georges Devereux, *Ethnopsychiatrie des Indiens mohaves*, Paris, Les Empêcheurs de penser en rond, 1996.

Car je savais dans mon rêve qu'il était mort [...].
— Où es-tu, que me veux-tu ? lui ai-je crié.
Là où il avait posé la main, j'avais très mal.
[...] Je l'ai revu plusieurs fois cette même nuit.
Pourquoi cela ? Peut-être vient-il me chercher[1] ?

Le rêve, place publique, disais-je, où se croisent humains et non-humains, morts et vivants, dieux, démons, saints et ancêtres.

S'il est rare qu'un Français du XXIe siècle croise en son rêve des esprits, des divinités ou des diables, il est fréquent, en revanche, qu'il y côtoie ses morts. Sur les centaines de rêves que j'ai reçus, une bonne proportion – à peu près un tiers – comportait une rencontre avec un mort. C'est peut-être le dernier endroit où cette rencontre est encore possible – rencontre que l'Église a interdite (« Laissez les morts enterrer les morts »), que la psychologie du XXe siècle a tournée en dérision et que la mode de la crémation a rendue de plus en plus difficile. Et, malgré les interprétations des manifestations des morts en rêve en termes de dépression ou de deuil, les gens sont heureux de retrouver leurs défunts, dont ils attendent des informations sur leur devenir et des conseils pour leur vie et, toujours, une protection.

1. Michel Perrin, *Les Praticiens du rêve*, *op. cit.*, p. 70.

Voici par exemple un rêve que m'a récemment adressé une lectrice :

Je me trouve dans la maison de mon enfance. Par la fenêtre, j'aperçois une dame. Je sais qu'il s'agit d'une apparition mais je n'ai pas peur. Elle est tout de noir vêtue, longue robe et voile, si bien que je ne peux distinguer son visage – pas même ses yeux ni sa bouche, cachés par des rondelles de tissu. Je demande : « Il y a quelqu'un ? » Elle fait oui de la tête. Je lui demande encore : « Est-ce qu'il m'aime ? » Nouveau geste de la tête. Je lui demande enfin : « Est-ce qu'il va me parler ? » Une nouvelle fois, elle opine. Elle me tend alors un article de journal. Je sais qu'on y évoque des questions autour du couple ; et j'entends les mots « avantage » et « bénéfice ». Et comme elle continue à s'approcher de moi, je tends ma main gauche vers elle, paume vers le haut. Elle frôle ma main d'un geste et disparaît.

ANGÉLIQUE, 36 ANS,
ASSISTANTE JURIDIQUE EN ALSACE

Nous avons longuement parlé ensemble de sa vie et de son rêve. Angélique m'a confié qu'elle était coutumière de ces apparitions, qu'elle les recherchait ; qu'il lui arrivait même de les convoquer lorsqu'un problème de sa vie envahissait ses pensées. Et en ce moment elle est troublée par un homme, un collègue de travail. Il ne s'est rien passé entre eux mais elle a perçu, à ses regards, à sa façon de rougir lorsqu'il lui adresse la parole, qu'elle ne lui est pas indifférente. Tous les matins, elle prend la résolution de lui parler ; tous les soirs, elle regrette sa timidité. Un soir, avant de se coucher, elle a invoqué ses morts et voilà le rêve qui lui est apparu.

Sa question était alors : qui est l'apparition du rêve ? Que demande-t-elle en échange des indications qu'elle promet de lui fournir ? Nous avons pu établir qu'il s'agissait de sa tante récemment décédée d'un cancer. Il va de soi que la conséquence d'un tel rêve est une visite au cimetière. En échange, la morte donnera à la jeune femme la force de prendre une décision.

Incubation

En bien des sociétés, on pense que le rêve aide à la guérison des malades, qu'il fournit le bon conseil, qu'il indique le bon traitement et parfois la prescription adéquate.

Il faut imaginer la scène. Elle se déroule au ve, au IVe ou au IIIe siècle avant J.-C., à Épidaure, près d'Athènes, au temple d'Asklépios.

> Plié en deux, l'homme avance péniblement, se tenant le ventre. Le prêtre voit sa souffrance, mais ne peut lui permettre de pénétrer ainsi dans l'*abaton*, l'espace sacré.

Il le conduit d'abord jusqu'à la source et lui demande de s'y plonger à trois reprises pour se purifier. L'homme grelotte en émergeant de l'eau glacée. Le prêtre lui demande encore s'il a bien jeûné toute une journée et toute une nuit, comme il le lui a recommandé, et l'homme hausse les épaules en désignant son ventre. Comment aurait-il pu avaler même un simple morceau de pain dans son état ? Lorsqu'il entre dans l'*enkoimeterion*, le « portique d'incubation », il est effrayé par la quantité de serpents à grosses joues qui grouillent sous ses pas, mais la statue d'Asklépios, immense dans la pénombre, le rassure un peu. Le dieu est maître des venins. Il tient un bâton sur lequel un serpent est sagement enroulé. L'homme finit par s'étendre sur la peau d'animal recouvrant la pierre et s'endort aussitôt.

L'*incubation*, du latin *incubare*, « coucher dessus », désigne un rite très répandu dans l'Antiquité grecque et romaine, encore vivace aujourd'hui dans certains pays du Maghreb[1] – mais aussi au Mali, en Inde et ailleurs –, consistant à dormir dans l'enceinte d'un sanctuaire afin d'inviter le dieu dans son rêve. Dans la Grèce et la Rome antiques, on recourait à l'incubation pour demander la guérison. Dans les cas les plus favorables, Asklépios, le dieu médecin, avatar d'Apollon, appliquait le traitement en personne.

1. Émile Dermenghem, *Le Culte des saints dans l'islam maghrébin*, Paris, Gallimard, 1954.

Et l'on peut encore lire aujourd'hui, sur les « catalogues » gravés par les responsables du sanctuaire sur de grandes stèles de pierre, les récits des rêves et des guérisons.

> L'homme voit un rêve. Le dieu apparaît au-dessus de lui, le visage souriant. Il lui ouvre la poitrine avec un long couteau effilé et en retire des sangsues. Il les lui remet dans la main tout en recousant sa poitrine puis, d'un signe, le prie de repartir. Et le dieu disparaît. Le lendemain, l'homme quitte Épidaure en tenant les bêtes dans sa main. Il comprend alors que sa belle-mère les avait dissimulées dans le *kikéon*, le breuvage de vin et de miel qu'elle lui avait servi à boire. Il comprend qu'il a été empoisonné ; que c'est précisément cette boisson ensorcelée qui l'a rendu malade.

De tous les lieux d'incubation, le sanctuaire d'Asklépios à Épidaure était le plus connu dans la Grèce de l'âge classique, au Vᵉ et au IVᵉ siècle avant J.-C. Mais le succès fut tel que les lieux de pèlerinage onirique se sont vite multipliés ; ils se comptaient par centaines à l'époque romaine. Le Moyen Âge chrétien se contenta de changer de dieu et l'incubation se poursuivit dans les sanctuaires des saints. Elle eut un succès plus grand encore en terre d'Islam et, en Égypte, à partir du XIIᵉ siècle, les juifs venaient consulter en rêve Maïmonide, le sage médecin de Saladin, mort depuis des siècles, en dormant la tête sur son tombeau.

Les praticiens de l'incubation pensaient que le rêve permettait de rencontrer les dieux et les saints, non pour le plaisir de les croiser, mais pour obtenir une prescription, voire directement une guérison. Si un rêve correctement interprété peut contenir une résolution de problèmes que l'on se pose depuis des mois, voire des années, pourquoi pas la bonne prescription ?

L'éthnopsychologie, approche comparative du rêve, nous a donc sensibilisés à une nouvelle série de questions dont la neurologie et la psychologie ne se sont pas encore saisies. Nous en avons rapidement parcouru quelques-unes :

1° Le rêve n'est pas un phénomène autistique. C'est un processus interactif qui mobilise dans son récit et dans son interprétation des personnes de l'entourage du rêveur.

2° Le rêve n'est pas un espace privé. On y rencontre les êtres mythiques, des esprits, des démons, des anges et des dieux.

3° Les théories modernes, scientifiques, du rêve n'ont pas suffisamment exploité son étrange caractéristique de délier trois organes laissés à la disposition des forces de la nuit : le cerveau, les yeux et le sexe.

Interpréter un rêve

J'ai toujours pensé que la grandeur du métier de psychologue se mesurait à la capacité du professionnel à prédire, à accompagner la personne dans un devenir et non à décrire, à expliquer, à le replonger dans son passé, voire à l'y assigner. Il est toujours facile – et la plupart du temps inutile – d'expliquer après coup l'échec d'untel, par exemple, le symptôme d'un autre, la névrose d'un troisième. Penser celui qui s'adresse à moi, non au regard de ce qu'il a été, mais dans le monde qui va, dans le temps qui arrive, voilà comment j'ai imaginé mon métier et tenté de le pratiquer depuis quelques décennies, déjà. Je reste animé d'une certitude : l'homme est lui-même, non par son passé, dont on dit (à tort) qu'il l'identifie, mais dans ses promesses, dans ses rêves.

J'ai publié un livre sur l'interprétation des rêves voilà quelques années. J'y avançais des idées, tirées tant de ma lecture assidue des travaux récents de neurophysiologie et de psychologie que de ma pratique clinique en ethnopsychiatrie[1]. Je voulais faire le point ; tenir compte de tout ce que j'avais eu l'occasion d'apprendre pour repenser le rêve et pour témoigner du fait que son interprétation reste indispensable.

1. Tobie Nathan, *La Nouvelle Interprétation des rêves*, Paris, Odile Jacob, 2011.

J'ai d'abord appris que le rêve ne peut en aucune manière être une photographie d'un passé ; il ne fait aucun constat, il n'établit rien, il ne se souvient pas, même s'il fait parfois réapparaître des scènes d'autrefois – non ! le rêve cherche des solutions, imagine de nouveaux univers : *il est donc nécessairement préfiguration d'un avenir*. Qu'il s'agisse d'un avenir hypothétique, que l'on doit faire advenir par des paroles et des actes, ne change rien au fait que le rêve tend vers le lendemain comme un corps attiré par la force du soleil.

Le rêve est littéralement vision et, puisque cette vision augure un temps à venir, on devrait le dire « pré-vision » ; vision en avance, si on veut, à condition qu'une parole lui permette de déboucher sur le monde. Cette parole qui succède au rêve, qui ordonne, qui construit, aussi, sans doute, est également une parole qui ouvre. Elle ne peut être que « pré-diction ». C'est pourquoi aussi loin que remontent les textes, depuis les clefs des songes des papyrus égyptiens (IIe millénaire avant J.-C.), depuis le guide babylonien découvert dans les tablettes de la bibliothèque d'Assurbanipal (VIIe siècle avant J.-C.), les rêves servent à prédire l'avenir[1]. La parole suscitée par le rêve prend donc souvent

1. Jusqu'à Nietzsche qui rapporte ainsi le rêve qu'il fit la veille de la mort de son frère : « Quand un arbre est privé de sa couronne, il se dénude et se dessèche, les oiseaux quittent ses branches. Notre famille était privée de sa tête, et une

la forme : « Tu as rêvé ceci, alors, il t'arrivera cela ! » J'aurais pu m'arrêter là, comme tant d'autres avant moi, conclure que ces temps révolus étaient imprégnés de pensée magique, de crédulité naïve... Mais les choses ne sont pas aussi simples.

J'ai également appris que le rêve est mouvement. Il est machinerie en action, qui cherche sans cesse, qui choisit, combine, qui essaie, qui regarde un temps ce qu'elle a produit et recommence, rebat les cartes, choisit encore, recompose, propose et regarde, et ainsi de suite... Il élabore sans cesse des hypothèses pour le jour à venir. Du fait même qu'il est mouvement qui ne dispose d'aucun mécanisme interne lui permettant de s'interrompre, de fixer une solution, laissé à lui-même, il répétera indéfiniment ses recherches. C'est pourquoi le rêve appelle, par une sorte d'exigence propre, une parole extérieure qui lui permettra de déboucher sur le monde. Alors, si on me demandait ce qu'est un rêve, je répondrais :

---

profonde tristesse s'empara de nous. À peine nos blessures commençaient-elles à se fermer qu'elles furent de nouveau ouvertes dans la douleur. À cette époque, je fis un jour ce rêve : j'entendis l'orgue retentir dans l'église comme pour un enterrement. Une tombe s'ouvrit subitement, mon père sortit enveloppé d'un suaire. D'un pas pressé il se rendit à l'église et en ressortit aussitôt, avec, dans les bras, un petit enfant. De nouveau le couvercle de la tombe se souleva, le temps pour lui d'y descendre, puis retomba. Quand l'orgue se tut, je me réveillai. Le jour suivant, le petit Joseph se trouva mal ; il eut des spasmes convulsifs et mourut après quelques heures. Notre peine fut immense. Tout ce que j'avais rêvé s'était réalisé. Et le petit corps fut déposé dans les bras de mon père. » *Mein Leben,* I, (1844-1858), cité par Lionel Duvoy, « Introduction » *in* Friedrich Nietzsche, *La Vision dionysiaque du monde, op. cit.*

Le rêve est une activité mentale qui débute au cœur de la nuit, se poursuit silencieusement durant la veille jusqu'à rencontrer un tiers par la parole duquel il s'accomplit...

Ce tiers, on le sait, c'est l'interprète de rêve, l'*onirocrite*, comme on l'appelait dans l'Antiquité grecque, peut-être le psy d'aujourd'hui, ou le médium ou la voyante, ou encore le prêtre...

Il existe donc, au tréfonds de l'être humain, un processus qui débute individuellement mais qui ne parvient à son achèvement que dans la rencontre avec un autre être humain. Le phénomène est surprenant, mais il n'est pas unique. La sexualité humaine fonctionne selon un modèle similaire, prenant sa source dans une pulsion au cœur de la personne mais ne parvenant à son accomplissement que dans la rencontre d'un autre.

L'interprète

L'autre par qui le rêve advient, l'onirocrite de l'Antiquité, on le dit parfois « interprète », car son travail tient un peu de la traduction, comme si le rêve parlait une langue étrangère – traduire, c'est à coup sûr l'une de ses fonctions. Mais, si l'on revient à l'étymologie, l'« oniro-critique » est bien le passage du rêve au crible de l'interprète – le mot grec *kritikos* renvoyant à celui qui est capable de décider, de choisir, de passer au tamis... L'onirocrite n'est donc pas seulement celui qui traduit, mais aussi celui qui décide, qui opère un choix.

Un talmudiste du XVIe siècle, qui rédigea une fameuse « clef des rêves » publiée pour la première fois à Salonique en 1516, et sans cesse rééditée depuis[1], l'intitula, en hébreu : *Pitron 'halomot*, que l'on traduit en général par « clef des rêves ». Mais en hébreu, le mot *pitron* signifie « solution » et non pas « interprétation » – « solution des rêves » donc plutôt que « clef », comme on trouve la « solution » d'un problème de mathématiques. Il est clair que, pour Almoli, l'onirocrite étant un résolveur, le rêve devant être imaginé comme une énigme intellectuelle. C'est donc la troisième fonction de l'onirocrite, celle de révélateur, qui s'ajoute à celles de traducteur et de discriminateur.

Voici l'onirocrite en présence d'un rêveur, une personne tendue par l'énigme de son rêve qui vient lui en demander l'« interprétation », la « solution », la « traduction ». Que faire ? Comment procéder ? Avant d'entrer dans le corps de la démonstration, de proposer des méthodes, des concepts et des exemples, je voudrais m'interroger un instant sur le statut de la parole de l'onirocrite. Et pour cela, je m'appuierai sur une sorte de parabole. Elle s'intitule « Les deux qui rêvèrent » et se trouve rapportée dans un recueil de nouvelles de Jorge Luis Borges.

---

1. Et jusqu'à nos jours, comme l'atteste l'édition disponible en langue française : Chélomo Almoli, *La Clef des rêves*, Jérusalem, Éditions Salomon, 2001.

Il était un homme, dans la bonne ville du Caire, en Égypte, qui travaillait dur pour gagner sa vie. Un jour, sous un figuier de son jardin, tout près d'une source, le sommeil s'empara de lui. Il vit en songe *un homme tout mouillé qui sortit de sa bouche une pièce d'or et lui dit : « Ta fortune est en Perse à Ispahan. Va la chercher ! »*
Alors, l'homme entreprit le long voyage, affronta les périls des déserts, des navires, des pirates, des idolâtres, des fleuves, des bêtes féroces et des hommes. Il arriva finalement à Ispahan.
La nuit le surprit ; il s'étendit pour dormir dans la cour d'une mosquée. Une bande de voleurs traversa la mosquée pour entrer par effraction dans la maison mitoyenne. Les gens se réveillèrent et appelèrent au secours. Les voisins crièrent aussi, l'officier du guet accourut avec ses hommes et les bandits s'enfuirent par les terrasses. L'officier fit fouiller la mosquée. Les voleurs avaient pris la fuite ; ne restait que l'homme du Caire que l'on rossa si fort qu'il faillit en mourir. L'officier le fit amener et lui demanda : « Qui es-tu ? Et quelle est ta patrie ? »
Lorsque l'homme lui répondit, l'officier demanda encore : « Qu'est-ce qui t'a attiré si loin de chez toi, jusqu'ici, en Perse ?
— Un homme m'a ordonné en rêve de venir à Ispahan, parce que j'y trouverai ma fortune. Me voici à Ispahan et la fortune qu'il m'a promise ce doit bien être ces coups de bâton que vous m'avez si généreusement fait donner. »

> L'officier éclata de rire : « Homme insensé et crédule, j'ai rêvé trois fois d'une maison au Caire, avec un jardin ; dans le jardin un cadran solaire, derrière le cadran solaire un figuier, après le figuier une source, et sous la source un trésor. Je n'ai pas accordé le moindre crédit à ce mensonge. Mais toi, né de l'accouplement d'une mule avec un démon, tu as erré de ville en ville sur la seule foi de ton rêve. Que je ne te revoie pas à Ispahan ! Prends ces monnaies et va-t'en ! »
> L'homme les prit et retourna dans sa patrie. Sous la source de son jardin, il déterra le trésor. Ainsi, Dieu le bénit, le récompensa et l'exalta. Dieu est le Généreux, le Caché[1].

Dans ce récit que Borges a tiré d'un conte des *Mille et Une Nuits*, nous trouvons à mon sens une théorie parfaite de l'interprétation des rêves. L'homme du Caire voit un rêve. Sa tentation immédiate est de le prendre à la lettre. Puisque l'homme issu de la source lui a ordonné de se rendre à Ispahan, il y court. Mais son rêve ne parviendra à s'accomplir que lorsqu'un autre homme, l'officier d'Ispahan, lui délivrera une parole qui conduira le rêve jusqu'à son accomplissement – en l'occurrence la découverte du trésor dans sa propre maison, en Égypte.

1. J. L. Borges, « Histoire universelle de l'infamie », *in Histoire universelle de l'infamie/Histoire de l'éternité*, Paris, 10/18, 1963.

Certes, c'est là une simple parabole, les trésors que l'on découvre dans les rêves ne sont pas constitués de pièces d'or, mais le plus souvent de solutions aux problèmes posés par la vie. L'histoire est belle cependant et son accent de vérité provient du fait qu'elle énonce un principe intangible :

La parole qui dénoue le rêve, qui lui permet de parvenir jusqu'au monde réel, se trouve dans la bouche d'un autre et non dans la tête du rêveur.

C'est bien une caractéristique du rêve qui en fait cet objet étrange et fascinant, à la fois profondément singulier, appartenant au rêveur en propre, mais aussi *nécessairement interactif*, ne pouvant se passer de la parole d'un tiers.

Mais il y a plus encore : le rêve, par son existence même, par l'énigme qu'il constitue toujours pour le rêveur, par la pression qu'il exerce sur lui pour déboucher dans le monde réel, appelle l'interprète comme la lumière la phalène. Mais attention ! le rêve est liberté : aucun rêve n'est clos ; aucun ne possède un sens caché qu'il s'agit de découvrir. Chaque rêve porte en lui une obligation d'interprétation.

Chacun a pu en faire l'expérience, on a beau disserter sur le rêve, avoir des idées arrêtées ou n'en avoir aucune, il suffit qu'un de ces rêves survienne, de ceux qui s'imposent à l'esprit et exigent, et insistent… Et nous voici capturé, en attente, suspendu à la recherche de quelqu'un susceptible de nous délivrer son message.

Signification et interprétation

Nous nous approprions une première fois le rêve lorsque nous le transformons en récit et c'est alors qu'il devient information sur l'ailleurs, lettre dont on ne connaît ni l'expéditeur ni le destinataire. Et il s'impose à l'esprit *comme une réponse à une question qu'on ignore.*

Encore une parabole, issue cette fois du Talmud, qui nous permettra d'approfondir nos principes d'interprétation.

> Une femme alla trouver Rabbi Eliezer et lui dit : « J'ai vu en songe que le grenier de ma maison s'ouvrait d'une déchirure. » Le Rabbi répondit : « Tu peux rentrer tranquille. Tu concevras et ce sera un fils. » Et c'est ce qui arriva. La femme rêva de nouveau le même rêve et le raconta à Rabbi Eliezer qui lui donna la même interprétation. À nouveau elle conçut et eut un second garçon. Elle rêva le même rêve une troisième fois et chercha Rabbi Eliezer. Ne le trouvant pas, elle dit à ses disciples : « J'ai vu en songe que le grenier de ma maison s'ouvrait d'une déchirure. » Ils lui répondirent : « Tu enterreras ton mari. » Et c'est ce qui arriva. Rabbi Eliezer, surpris des lamentations, s'informa de ce qui allait mal. Ses disciples lui racontèrent ce qui s'était passé. Il s'écria : « Malheureux ! Vous avez tué cet homme ! N'est-il pas écrit : "Comme il nous l'expliqua, ainsi fut" ? Et Rabbi Yohanan de

conclure : « Tout songe ne vaut que par l'interprétation qu'on en donne. »

Là aussi, il s'agit d'une parabole et certainement pas du récit de l'interprétation d'un rêve. La citation à laquelle le vieux Rabbi fait référence est tirée de Genèse 41,13. Ce sont les paroles du grand échanson qui relate à Pharaon les interprétations que Joseph lui fit à lui et au panetier, alors qu'ils étaient tous trois en prison. À l'un, il prédit qu'il serait rétabli dans ses fonctions, à l'autre qu'il serait décapité. Et le narrateur de conclure : « Comme il nous l'expliqua, ainsi fut. » Car ce que dit Joseph se réalisa, non pas, c'est du moins ce que défend ici le Talmud, parce que Joseph était un devin, mais du fait que le rêve advient par la parole qui l'interprète.

Vision particulièrement moderne du rêve que celle, très ancienne, du Talmud de Babylone ! D'abord assemblage d'images mentales, faites de mouvements, de mots, de sensations, halo humide, le rêve prend corps par le premier récit du rêveur et ne trouve sa matérialité, sa concrétude, que dans l'interprétation que lui fournit son interlocuteur. Ce que nous apprend le Talmud, c'est que la matière du rêve réside dans cette articulation subtile entre récit de rêve et interprétation – *la matière du rêve est interaction.* C'est là sans doute sa seule densité.

Un second énoncé talmudique, fort célèbre, au demeurant, est venu sceller la formule générale de toute interprétation de rêve : « Tous les rêves marchent selon la bouche[1]. »

C'est dire par là même que ce qu'il adviendra du rêve dans la vie éveillée découle de son interprétation : « le rêve marche » (advient) « selon la bouche » (qui l'a interprété).

Si l'on tire les conséquences de cette formule proprement révolutionnaire, on devra convenir que, en effet, il n'existe aucun sens caché aux rêves. *Le rêve n'a pas de signification ; il contraint à l'interprétation.* Le problème est donc bien plus complexe que celui d'une traduction, d'un décodage ou d'une compréhension empathique. Le rêve est une obligation adressée au rêveur qui ne peut, pour y répondre, que partir à la recherche de la parole d'un tiers.

De là, découle une question préalable : la responsabilité de l'interprète. Parler du rêve d'un autre aura des conséquences sur sa vie, quelle que soit la parole qui sera prononcée. Ainsi la morale de l'onirocrite le contraint-elle à n'interpréter que pour le bien. Voilà pourquoi on trouve cette formule dans le Zohar :

---

1. Talmud Bavli, traité Berakhot, 55b. Voir le long commentaire que je consacre aux principes talmudiques d'interprétation des rêves dans *La Nouvelle Interprétation des rêves, op. cit.*, chapitre 7.

> Le rêve étant mélange de vérité et de mensonge, la parole a barre sur lui. Tout rêve peut être interprété dans un sens favorable[1].

Mais cette théorie d'un rêve-liberté convoque également la responsabilité du rêveur averti qui, sachant l'effet qu'aura cette parole, ne confiera pas son rêve au premier venu :

> Un homme ne devrait jamais dire son rêve à une personne qui ne l'aime pas, car celle-ci pourrait pervertir la signification de son rêve ou en retarder la réalisation[2].

De là découlent aussi des considérations techniques. Le rêve est spécifiquement celui de cette personne qui me le relate et de nulle autre. Toute clef des songes que je voudrais lui appliquer, dictionnaire de rêves, liste de symboles, de rêves typiques dont la signification est évidente ou automatique, tout cela n'est qu'affaire de charlatans. S'il n'existe pas de sens caché aux rêves, il n'existe pas *a fortiori* de symboles, de codes ou de formule générale. Nous devons à chaque rêveur la compréhension fine des circonstances de son rêve, des problèmes qu'il cherche à résoudre dans sa vie et des solutions qu'a brassées son rêve. C'est pourquoi tous les

1. Zohar, 183a.
2. *Ibid.*

exemples que je relate dans ce livre sont aussi des fragments de vie, saisis au vif des inspirations d'une nuit.

L'interprétation d'un rêve doit, à mon sens, se soumettre aux trois définitions que j'ai relevées plus haut en spécifiant le travail de l'onirocrite qui, on s'en souvient, est à la fois interprète, découvreur d'énigme et décideur. Une interprétation est correcte lorsqu'elle satisfait trois conditions : elle apaise l'esprit, elle résout un problème et, surtout, propose une action dans la vie réelle. Il découle, bien sûr, qu'il existe bien plus d'une interprétation à un même rêve. C'est en cela que l'interprète est un *kritikos*, un décideur.

La source des rêves

Je n'ai pas cherché les rêves qui figurent dans ce traité ; ils sont venus à moi. J'ai eu la chance d'être accueilli avec grâce et intelligence dans les colonnes de la revue *Psychologies Magazine* que je remercie ici chaleureusement. Les lecteurs de cette revue m'ont adressé un courrier nombreux, plein de leurs rêves. Je ne me suis, cela va sans dire, jamais permis d'interpréter un rêve sans avoir longuement parlé avec le rêveur (le plus souvent une rêveuse). Je relate, dans chaque exemple qui va suivre, le rêve, un résumé de l'échange téléphonique que j'ai eu avec le rêveur et l'interprétation que je lui ai fournie pour finir. Chaque rêve est précédé d'une présentation qui explique l'intérêt de son choix et les connaissances qu'il m'a été possible d'en tirer. Je dois une reconnaissance infinie à ces rêveurs, pour leur honnêteté dans l'expression de leur monde intérieur, leur sincérité et la chaleur de ces rencontres téléphoniques improvisées, informelles. Je reste encore émerveillé par la confiance immédiate qu'ils m'ont tous témoignée[1].

Isabelle Taubes, brillante journaliste dans cette revue, a été présente tout au long de cette expérience fascinante. Je voudrais la remercier, pour sa constance, sa créativité dans la compréhension des idées, parfois inhabituelles, qu'il m'est arrivé d'avancer, pour sa rigueur, aussi, dans la lecture et l'édition de ces rêves.

Laurence Garcia m'a accueilli mois après mois dans son émission de rêve sur France Inter, me permettant d'affiner ma compréhension du rêve et de son interprétation.

Éloïse Oddos a dessiné chacun des rêves, artiste délicate aux doigts de fée. Plus que les illustrer, elle leur a rendu leur existence onirique, leur porosité à la fluidité des mondes multiples. Merci pour la magie de ses dessins !

---

1. Pour sauvegarder la confidentialité de nos échanges, j'ai veillé, bien sûr, à gommer tout détail de nom, de lieu, de profession qui permettrait de les identifier.

— II —

Le rêve est un mouvement de l'âme

•••••

CHAPITRE 1

... Rêve d'un processus biologique ...

Je ne pense pas qu'il existe en rêve une perception, même infrapsychique, de son propre corps – dans sa totalité ou sous la forme globale d'une « image du corps », comme on le prétendait naguère. La personne du rêveur, en revanche, y figure presque toujours, comme acteur principal, souvent simultanément comme observateur. Mais alors, le rêveur se fait *regard, tension et questionnement*, centré sur trois organes prééminents : les yeux, le sexe et le cerveau.

Les mouvements du corps, en revanche – non sa forme et pas davantage une sensation globale –, ses lieux de tension, ses processus, ses mouvements : la digestion, l'envie d'uriner ou de déféquer et, bien sûr, on le sait de longue date, la tension sexuelle.

Voici un rêve fréquent, « typique », pourrait-on dire, quoique ce terme ait le défaut de laisser entendre qu'il pourrait exister, au moins pour certains rêves, une lecture obligée. Eh non ! tel n'est pas le cas : chaque rêve est singulier, et l'on doit à chaque rêveur une interprétation singulière, un conseil adapté qui permettra au rêve – à ce rêve-ci – de s'accomplir dans la vie réelle.

Si la perte de contrôle des tensions corporelles est probablement inscrite dans la mémoire de chacun, son apparition dans ce rêve, cette nuit-là, précisément, appelle une parole singulière.

Dans le rêve rapporté ici, c'est d'un débordement de colère qu'il est question.

Rêve 1

« La voiture roule sans chauffeur… »

Ce rêve m'intrigue. J'ai rendez-vous avec un homme devant une grotte. J'arrive là, chargée de plusieurs sacs à dos. L'homme ne me plaît pas. Je décide de partir et de lui abandonner mes sacs à dos. Finalement, je reviens, monte dans sa voiture, à la place du passager. Il démarre ; la voiture commence à rouler, mais il descend en marche. Je me retrouve dans cette voiture qui roule seule, éloignée des commandes. Le véhicule finit par percuter un talus. Je me laisse tomber au-dehors. Et j'entends l'homme qui me dit : « Tu vas voir ! Tu vas le payer toute ta vie ! »… C'est alors que je me réveille.

CHANTAL, 52 ANS, CADRE EN ENTREPRISE,
RÉGION DE TOULOUSE

Ces rêves où l'on se retrouve dans un véhicule impossible à maîtriser, soit que, comme dans le rêve de Chantal, on est éloigné des commandes, soit que ces commandes ne répondent plus, comme ces pédales de frein qui s'enfoncent jusqu'au plancher, ou ce volant qui tourne dans le vide, sont fréquemment accompagnés de sensations d'angoisse intense. Ils mettent en images l'impossibilité d'interrompre une fonction, un mouvement biologique dès lors qu'il s'est mis en marche[1].

Lors de notre conversation téléphonique, Chantal a reconnu la phrase prononcée dans son rêve. C'était celle de son chef de service lorsqu'elle s'est opposée à lui, refusant de témoigner contre un collègue. Il l'a alors menacée : « Je saurai m'en souvenir. Vous allez voir ! Vous le paierez cher ! » Cette colère, comme une voiture qui démarre et que l'on ne peut arrêter, il l'a exprimée sans retenue, criant, gesticulant. Il était « hors de lui », comme on dit. Elle est sortie de son bureau tremblante de frayeur. Et cette colère ne s'est pas arrêtée là. Elle s'est prolongée, dégouttant chaque jour ses relents acides. Chantal a été ostracisée, soumise à des vexations ; dans sa boîte, elle s'est finalement retrouvée « au placard ».

1. Ces processus mis en scène dans les rêves de perte de contrôle rappellent évidemment ce que Freud appelait le « phénomène fonctionnel », reprenant des remarques du malheureux Herbert Silberer. Voir « Deux approches du symbolisme : H. Silberer et Ernest Jones », *in* collectif, *Les rêves. La voie royale de l'inconscient*, Paris, Tchou, 1979, p. 101-128.

La phrase prononcée dans le rêve, cette bizarrerie qui attirait l'attention parce qu'on ne percevait pas son rapport avec le récit du rêve, par ailleurs cohérent, se rattache clairement à la vie de la rêveuse. Elle évoque son désappointement face à une colère sans frein, comme un flot qui se déverserait sans digue.

Il me vient alors une question : mais alors, que sont donc ces sacs à dos que Chantal abandonne à l'homme de son rêve ? Elle m'a spontanément répondu qu'il s'agissait de fardeaux hérités de l'enfance dont elle ne parvenait pas à se débarrasser. De sacs, il y en avait trois, comme les trois sœurs qu'elles étaient dans son enfance. Des trois, Chantal était la plus jeune, dernière-née, malvenue, toujours considérée comme le « vilain petit canard ». On sait la place difficile des troisièmes filles dans une fratrie. Après les deux premières, les parents souhaitaient sans doute un garçon. La famille avait pris le relais de la déception des parents. Chantal s'était renfrognée, soumise aux agaceries, aux quolibets… Ses sœurs répétaient qu'elle n'était pas des leurs, une enfant adoptée, peut-être, ou pis encore une bâtarde.

La sensation d'être inférieure aux autres, qui l'accompagnait depuis l'enfance, s'était évanouie durant une petite période de sa vie. Elle avait vécu ce bref moment de bonheur avec un homme qui lui avait d'abord intensivement fait la cour, lui offrant des dizaines de bouquets de roses, vantant sa beauté, la célébrant comme une déesse. Elle a fini bien évidemment par craquer. Et, pour la première fois, elle s'était laissée aller à son émotion, à sa tendresse… Revers de la médaille : pour la première fois de sa vie, elle s'était trouvée dépendante, de l'affection de cet homme, de son regard… Et c'est alors, à l'acmé de son amour pour lui, qu'il a disparu, du jour au lendemain. On pourrait dire que, comme dans son rêve, cet homme a quitté la voiture après l'avoir mise en marche.

La bouffée de colère qu'elle perçoit chez son chef de service, comme un processus que l'on ne peut interrompre, trouve son pendant dans cette bouffée d'émotion et de désir déclenchée par l'homme aimé qui l'a soudain laissée en plan.

Reste une dernière question : pourquoi ce rêve est-il apparu cette nuit-là ? Pourquoi en cette période ? Chantal venait de faire une nouvelle rencontre. Un homme régulièrement croisé au club de sport qu'elle fréquente. Lui aussi lui fait la cour. Mais « chat échaudé craint l'eau froide »… Elle se méfie, reste sur ses gardes. Peu de temps avant la nuit du rêve, il lui est arrivé de penser qu'il lui fallait d'abord résoudre ce complexe du « vilain petit canard » avant de s'engager dans une nouvelle relation amoureuse.

Les rêves se comportent souvent ainsi ; ils rassemblent des fragments de vie, des images, des phrases, des sensations, les uns très récents (le conflit au travail), d'autres plus anciens comme cette relation amoureuse avortée, ou même très anciens, comme le sentiment de malaise de son enfance. Tout cela dans le but de résoudre un problème – ici une stratégie d'existence défaillante.

Je me dois de lui restituer ce que j'ai compris, de lui démontrer que je la perçois dans un devenir.

Nous avons longuement parlé et nous sommes finalement tombés d'accord. On ne peut compter sur le regard d'un autre, sur son affection, pour se délester de fardeaux qui encombrent depuis l'enfance. Ils collent à la peau, comme une souillure. Il faut se laver, les décoller de soi…

Voici le conseil que je lui ai donné :

Mon conseil

Vous m'avez confié que vous aimiez mettre du sel dans l'eau de votre bain – du sel de mer. Permettez-moi un conseil, chère Chantal. Plutôt que du sel, ajoutez-y de l'huile et, puisque vous êtes sensible aux bénédictions de l'Église, de l'huile consacrée. J'espère et je crois que cette purification vous rendra plus ouverte aux rencontres.

CHAPITRE 2

... Recherche de solutions ...

Un rêve est avant tout recherche de solutions. La caractéristique le plus impressionnante du rêve est de contrecarrer les évidences nées de la confrontation quotidienne au réel. La vie nous soumet à la dure loi de la matière et nous nous habituons à éviter les voies impossibles, les pensées dont on nous a démontré l'invalidité, les désirs irréalisables. Chaque nuit, ces interdits de pensée sont susceptibles d'être levés. Pour ce faire, le rêve réarticule les fragments d'expérience engrangés de manière à se retrouver devant de nouvelles configurations – peut-être nées du hasard –, des constructions impossibles à imaginer… Mais ces nouvelles géographies nous sont données à vivre comme si elles étaient réelles. Et nous voilà devant une hypothèse d'existence jamais imaginée jusque-là.

Le rêve est toujours brouillon des lendemains.

C'est à l'interprète de fixer le questionnement permanent, d'interrompre le doute kaléidoscopique, de proposer une idée, un acte qui permettra au rêve de s'accomplir – c'est-à-dire à l'une des solutions brassées dans la nuit de venir s'ancrer dans la vie réelle.

Rêve 2

« Coincée dans une gare »

Je suis dans une gare, chargée d'un lourd sac à main en bandoulière et d'un bagage encombrant. Je tente d'accéder au quai, mais je suis perdue. Les portes sont fermées, il faudrait les escalader, mais je n'y parviens pas ; les escaliers ne mènent nulle part. Je me dirige vers un guichet où l'employée me dit que le train est annulé ; qu'il ne partira pas. Je suis surprise ; je repars de là très déçue. Alors que je récupère mes bagages, j'aperçois mon père. Sa présence à cet endroit est inattendue. Il me propose de m'emmener à la maison ou à n'importe quel autre endroit que je lui indiquerai.

AURÉLIE, 30 ANS, INFIRMIÈRE,
RÉGION DE CARCASSONNE

Les portes sont fermées, les escaliers ne mènent nulle part, le train est annulé… Voilà un rêve qui laisse apparaître à ciel ouvert la mécanique principale de tout rêve qui est d'explorer des solutions. Autrement dit, cette partie du rêve transcrit le mécanisme même du rêve. Chercher ici, là, ailleurs, partout… Chercher ce qui n'est pas !

Chercher des solutions ? Mais à quel problème ?

Aurélie serait immédiatement d'accord si j'affirmais que son principal problème, celui sur lequel elle s'endort la nuit, celui qu'elle retrouve au réveil chaque matin, est d'être rassurée sur son choix amoureux. Elle attend que quelque chose d'extérieur, d'« objectif », vienne lui signifier qu'elle ne s'est pas fourvoyée, que le compagnon avec lequel elle vit en couple depuis une dizaine d'années, le père de son jeune garçon de 4 ans, est bien la personne qui lui est destinée.

Car elle est ainsi, Aurélie : elle doute. Ça ne l'empêche pas d'agir, bien au contraire ! Elle travaille à plein temps, s'occupe de son gamin, le dépose à l'école, va le rechercher le soir, passe du temps avec lui… Elle accomplit sans rechigner la double tâche si souvent dévolue aux femmes qui travaillent, un double « plein temps ». Mais, au fond d'elle-même, elle doute. Quelque chose lui interdit de se penser véritablement installée. Et parfois, lorsqu'elle se sent dépassée, elle pousse son doute jusqu'à commettre des actes qu'elle regrette ensuite.

L'accouchement de son fils a été long et difficile. Dans les semaines qui ont suivi, alors qu'elle avait déjà repris un travail contraignant, les soins nécessaires à un tout jeune enfant, sans l'aide de sa famille, de sa mère, par exemple, qui vit à des centaines de kilomètres, tout cela lui a mis « les nerfs en pelote », comme on dit. Est-ce la conséquence du *baby blues* ? Elle en est venue à annoncer à son compagnon qu'elle préférait se séparer de lui. Ébahissement de l'homme qui, lui, s'était installé dans un sentiment de bonheur tranquille.

Ils sont pacsés, et non pas mariés, parce que, m'a-t-elle dit, « un Pacs est plus facilement résiliable ». Sa manie du doute, là encore, a certainement marqué cette relation depuis ses débuts. D'abord ensemble, mais sans vivre ensemble ; puis, vivre ensemble mais sans enfant. Et lorsque l'enfant s'est imposé, un Pacs, à la rigueur, mais pas de mariage. Se garder une porte de sortie, ne pas se sentir à sa place…

Cette méfiance à l'égard du monde, peut-être l'a-t-elle contractée au spectacle de ses parents ? Ils en sont toujours là, du reste, ni liés ni séparés : figés. Voilà des années qu'ils se contentent de partager le même logement, sans même plus s'adresser la parole. Lui a une maîtresse, elle un amant. Et Aurélie de se demander si cette relation absurde qu'elle leur a toujours connue n'agit pas sur elle comme une malédiction. L'exemple parental ne la conduira-t-il pas nécessairement à la dislocation de son couple ? Alors plutôt qu'attendre, elle a fini par penser qu'il valait mieux devancer l'échéance, être active et provoquer la rupture.

Partir ? Quitter son compagnon qu'elle aime tendrement – sans passion, certes, mais sans problèmes ? Un compagnon fidèle et aimant, quoique un peu introverti…

On comprend pourquoi ce rêve s'impose, la questionne, revient à plusieurs reprises avec des modifications mineures.

Un rêve qui se répète presque à l'identique, à intervalles réguliers, par exemple une fois par mois, est l'indication que le problème auquel il tente d'apporter une solution reste en suspens. Un rêve qui se répète est signe que son message n'a pas été entendu. C'est un messager qui insiste.

Chère Aurélie, capable de rêves vigoureux, explicites. Tout y est inscrit à mes yeux, les motifs du doute et le moyen de le briser. Ce rêve explore les issues, aucune ne débouche, car, dans la gare, elle est seule. Voilà l'élément déterminant : si elle doute, c'est que son monde dénonce une absence et je décide de le lui signifier. Le conseil que je lui ai donné est inscrit dans la conclusion du rêve, avec l'apparition de son père.

Voici ce que je lui ai dit :

Mon conseil

Considérant sa façon de vivre, les insolubles conflits avec son épouse, votre mère, vous n'avez jamais demandé son avis à votre père. Allez lui rendre visite, adressez-vous à lui comme à un père, demandez-lui ce que vous n'avez jamais osé lui demander : si vous pouvez épouser votre compagnon... Allez-y ! Quelle que soit sa réponse, vos choix en sortiront raffermis.

CHAPITRE 3

… Hésitation quant à l'action …

Quoiqu'on ait tendance à se souvenir plutôt des rêves « aboutis », ceux qui ont réussi à organiser les sensations en images, les mots épars en phrases, les mouvements en récits, il faut savoir que c'est loin d'être la règle générale. La plupart des rêves, ceux du début de la nuit, ceux dont on ne se souvient qu'exceptionnellement, qu'on oublie sitôt les yeux ouverts, sont des tentatives, des brouillons remplis de ratures, de retours en arrière, de chemins interrompus, à la différence des rêves de fin de nuit, plus longs, souvent mieux structurés, laissant percevoir l'organisation de récits. Mais, dans tous les cas, la nature du rêve est de chercher, chercher encore – et il lui arrive parfois de trouver. C'est pourquoi, même dans ceux qui subsistent en mémoire, l'observateur attentif percevra l'hésitation, tapie au rythme de la respiration, au tempo changeant des battements et des pouls.

Là, pour ceux qui hésitent et claudiquent, plus encore que pour les rêves aboutis, la fonction de l'interprète se révèle cruciale. Car l'interprète fait partie du rêve en tant que son horizon, son aboutissement espéré.

Voici donc un rêve qui met en scène l'hésitation, pressant la rêveuse, soit de rêver encore, soit de dénicher la parole qui l'extraie enfin de son doute.

Rêve 3

« Ma maison était attaquée »

Je suis dans une maison – style grand mas provençal. Tout va bien. Soudain, j'entends des coups de feu. Je m'approche de la porte et je vois que la maison est attaquée par deux hommes et je sais qu'ils sont là pour me tuer. Je l'entrouvre et je vois mon amie Gisèle allongée derrière de gros sacs de sable. Comme en une scène de guerre, elle tire sans arrêt au fusil. Je reste à l'abri parce que je me dis que là, derrière ce pan de mur, je suis en sécurité. Je suis tiraillée entre l'idée de la rejoindre pour l'aider et la certitude que cela ne servira à rien sinon à me faire tuer. Brusquement, les tueurs la saisissent par les bras et les jambes – elle est comme écartelée – et lui posent une grenade dégoupillée sur le ventre. Et là, je me force à me réveiller pour sortir de ce rêve…

MARA, 49 ANS, CHEF DE SERVICE, LILLE

Jusqu'à la conclusion du rêve, nous percevons l'hésitation : partir ou rester ? Et même dans la situation la plus extrême, alors que sa collègue Gisèle risque de perdre la vie, le rêve ne sait pas sortir du doute ; il ne reste plus qu'à sortir du rêve. C'est donc un rêve qui a échoué à surmonter les oppositions, qui n'est pas parvenu à les inscrire dans un récit – un rêve qui conserve, dans sa structure même, la trace de l'hésitation.

Et lorsque j'ai pu avoir une conversation avec Mara, je me suis demandé comment une femme comme elle, tranquille, positive, entourée d'une famille heureuse, pouvait porter un tel rêve qui, selon ses propres mots, est une « véritable scène de thriller ».

Elle me confie cependant que, ces temps derniers, elle est souvent inquiète, pas vraiment dans son assiette… Elle sait ce qui la taraude. À la fin du mois, elle aura quitté son poste de chef de service pour s'installer à son compte. Elle pressent que son rêve vient lui rappeler qu'il n'est pas facile de quitter ceux qui ont travaillé avec elle, sous sa direction, qu'elle a aimés et souvent protégés durant des années… Ce n'est pas facile, même si c'est pour se consacrer à de nouveaux projets qui l'enthousiasment.

L'atmosphère anxieuse qui imprègne le rêve mettrait en scène, en l'exacerbant, sa propre inquiétude de quitter son poste. Oui, elle est inquiète, elle le reconnaît, non pas tant pour elle-même que pour ses collaborateurs qu'elle abandonne aux prises avec des supérieurs de plus en plus durs. Gisèle, par exemple, cette assistante au dévouement et à la fidélité exemplaires, elle la sait en danger. Son poste est menacé. Et ce n'est pas la seule ! Que deviendront-ils, tous ceux qu'elle ne défendra plus ? Voilà donc les questions qui hantent Mara chaque jour depuis des semaines. Elle reconnaît dans son rêve ce même climat de stress, d'insécurité et de violence qui règne au bureau.

Qui les protégera quand je ne serai plus là ? se demande donc Mara. Et son rêve hésite entre plonger dans la bataille et se tenir à l'abri derrière le mur.

Il est clair que cette question la taraude. Quelques nuits plus tôt elle avait rêvé qu'elle abandonnait son bébé – son bébé ? Ce sont bien les membres de cette équipe, cette « *dream team* » qu'elle avait rassemblée autour d'elle. Ils se sont effondrés en larmes en apprenant son départ, tandis que Mara retenait les siennes.

Elle les avait tous réunis pour leur annoncer officiellement son départ, autour d'un pot, comme il est de coutume. Mais si les craintes se sont exprimées, les angoisses de certains, si l'on a passé du temps, beaucoup de temps, à exposer les plaintes et les souffrances des uns et des autres, on n'a pas parlé de l'essentiel. Elle, surtout ! Mara ne leur a pas dit ce qu'elle avait sur le cœur. Un sentiment de colère qui l'anime parfois devant leur passivité.

Il n'est pas possible de se plaindre sans cesse lorsqu'on est entre soi et de ne rien oser dire lorsqu'on est confronté à la hiérarchie.

Il m'a semblé que la violence extrême du rêve est à la mesure de cette colère rentrée qu'éprouve Mara. Elle s'interdit d'exprimer cette colère parce qu'elle estime qu'elle se doit de protéger ses collègues.

C'est pourquoi, je lui ai conseillé de formuler ces reproches dont elle m'a fait part, durant notre conversation.

Mon conseil

Osez, chère Mara, osez leur dire leur manque de courage face à des situations inacceptables, leur passivité qui loin de les mettre à l'abri, risque selon vous de leur exploser à la figure – telle la grenade du rêve.

Faites-le, Mara ! Ainsi, j'en suis certain, vous pourrez partir tranquille !

CHAPITRE 4

... Rêve de perte des repères ...

Rêve fréquent, c'est certain, que celui de la perte des repères, où l'on se demande en quel lieu, en quel temps, où l'on cherche son chemin, revient en arrière, tourne en rond... Mais il faut dire que c'est aussi la quintessence du rêve que de faire disparaître les repères, conséquence probable de l'atonie musculaire en sommeil paradoxal. L'évanouissement du tonus, d'abord, puis des sensations, des bruits, des odeurs, nous introduit à un monde différent, un monde ailleurs. Le rêve peut être assimilé à un voyage... en un autre temps – les Indiens d'Amérique, les Aborigènes d'Australie l'appellent le « temps du rêve » –, en un autre lieu, dans un espace ayant ses propres lois, ses objets et, on l'espère, quelque point fixe.

C'est sans doute la dynamique paradoxale de ces rêves qui, dans leur déroulement, sèment le rêveur, tout en restant focalisés sur la recherche de cet hypothétique point fixe.

Tel est le rêve d'Annie, que je rapporte ici et qu'elle me présente comme une énigme anxieuse.

Rêve 4

« Je ne sais plus où je suis… »

C'est un rêve que je fais très souvent, depuis plus de vingt ans. Sa forme varie parfois, mais l'issue en est toujours la même. Je me rends quelque part et, petit à petit, les choses se compliquent. Je me perds, ou bien je rencontre une personne qui me demande quelque chose, me détournant de ma route… L'apparence des rues se modifie, si bien que je ne sais plus où je me trouve… ou encore d'autres péripéties qui allongent mon parcours à l'infini. Malgré ma volonté, tout se complique et je ne parviens jamais au but. Perdue ! Ce rêve me laisse un goût amer. L'échec toujours répété finit par me lasser.

ANNIE, 68 ANS, RETRAITÉE, BÉARN

Lorsque nous commençons à échanger, Annie me dit que ce rêve est pour elle la mise en images de l'échec et des reproches qu'elle s'adresse indéfiniment à elle-même depuis des années. Je m'étonne : de quels échecs s'agit-il ? Les terribles difficultés qu'elle a traversées à un moment de sa vie… Mais tout cela, c'est du passé ! Depuis, elle a poursuivi son chemin, en dépit des obstacles, sans jamais céder au désespoir.

Annie est une battante ! Je le sens, du reste, à sa façon de parler. Ce sont aussi les mots qu'elle-même emploie pour se qualifier.

Elle m'a raconté son mariage avec un notable de province, un fils de famille, paresseux et menteur. Comme il n'était pas très doué pour les affaires, son entreprise périclitait chaque jour, mais il le lui cachait. Emprunts, dettes, opérations financières douteuses… Il s'est abandonné aux démons des perdants. Mariée sous le régime de la communauté, Annie a connu la faillite, l'assaut des huissiers au petit matin, l'angoisse des traites aux montants impossibles… Il lui a fallu retrousser ses manches. Et elle l'a fait !

Je reconnais avec elle que son rêve pourrait en effet évoquer ces angoisses anciennes, la transformation des rues, par exemple, au point qu'elle ne reconnaît plus l'endroit où elle se trouve, tout comme, en ces temps sombres, elle n'a plus reconnu l'homme auprès de qui elle vivait ni la situation qu'il lui imposait. Choc violent le jour de l'annonce de la faillite ; sentiment d'étrangeté ensuite lorsqu'il lui a fallu se réveiller pauvre alors qu'elle s'imaginait riche… À cette époque aussi, elle a été effrayée et s'est sentie perdue.

Mais pourquoi cette insistance sur les malheurs passés qui reviendraient régulièrement hanter ses nuits ? On observe parfois, chez certaines personnes, la persistance de frayeurs anciennes se reproduisant, à l'identique, durant des années, dans des rêves qu'on appelle « traumatiques ». Mais en règle générale, ces personnes n'ont pas réagi à la frayeur, l'ont subie passivement sans pouvoir s'en défendre. Ce n'est certes pas le cas d'Annie, qui, devant la débâcle financière, s'est aussitôt mise au travail. Elle n'a pas compté ses efforts. Elle était obsédée par cette seule idée : mettre ses enfants à l'abri du besoin. D'où vient alors que ce rêve se répète, toujours le même, encore aujourd'hui ?

Lorsqu'un rêve se répète ainsi, lorsqu'il insiste et s'impose, c'est qu'il contient une décision d'existence, un choix de vie auquel on s'est engagé par une promesse intérieure…

Elle reconnaît quelque chose qui y ressemble. Lorsqu'elle a pris conscience de la catastrophe, elle s'est alors juré de ne jamais laisser tomber ses enfants. Serait-ce la promesse dont je parle ?

Elle a repris des études tout en travaillant, a acquis un métier, gagné de l'argent et, peu à peu, a réussi à rétablir la situation. Alors qu'elle s'escrimait ainsi, ne dormant que quelques heures chaque nuit, sans dimanche ni congés, elle a rencontré un homme, qu'elle désigne encore comme « l'amour de sa vie ».

Ce fut un véritable coup de foudre. Elle a alors quitté mari et enfants pour partir au loin avec lui. Mais elle n'a pas tenu plus de six mois, ramenée à la maison par un sentiment de devoir contre lequel elle ne savait lutter. Depuis, l'homme a refait sa vie de son côté. Elle s'est interdit de le revoir, mais son souvenir ne l'a jamais quittée.

À ce moment de la discussion, elle pense que le bout du chemin qui lui échappe sans cesse dans ses rêves, l'objectif qui s'éloigne à mesure qu'elle s'en approche, c'est lui, c'est cet homme !

Aujourd'hui, les enfants ont grandi. Ce sont des adultes indépendants qui gagnent leur vie. Annie ne devrait plus être tenue par cette promesse ancienne que vient régulièrement lui rappeler son rêve. C'est alors qu'une idée me traverse l'esprit. Je pense que la première promesse qu'elle s'était adressée à elle-même de ne jamais abandonner ses enfants s'est répétée en une sorte de pacte avec une puissance, un saint, une sainte… Quelque chose comme : « Si je renonce à l'homme de ma vie, tu donneras à mes enfants santé et réussite. » C'est pourquoi je lui demande :

Mon conseil

Alors, qu'est-ce qui pourrait vous libérer de cette promesse d'autrefois, vous engageant à ne jamais revoir l'homme de votre vie ? Sans doute pas votre volonté – vous n'en manquez pas ! Seule une puissance, quelque chose de plus fort que vous et qui vous dépasse, permettrait de vous délier. Vous m'avez confié, chère Annie, que vous aimiez offrir parfois un cierge à sainte Rita, la patronne des causes perdues. Faites-le ! Demandez-lui qu'elle vous délivre de votre promesse ; qu'elle vous rende votre liberté…

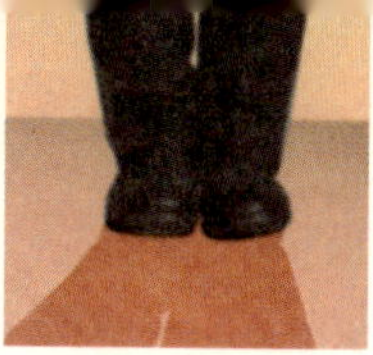

CHAPITRE 5

... Rêve de décision ...

De nos jours, les rêves d'« ex », d'anciens époux ou épouse, sont très fréquents, comme sans doute les rêves de coépouses dans les sociétés polygames. Si notre régime matrimonial est celui de la monogamie, notre vie quotidienne au sein de groupes de plus en plus nombreux, nos ruptures amoureuses, nos nouvelles rencontres, celles qui aboutissent et celles qui restent à l'état d'ébauche, peuplent nos pensées, nos fantasmes et nos rêves. Sous le régime d'une polygamie virtuelle, au fond de nous-mêmes, nous restons fascinés par la multiplicité des possibles.

Avec qui se laisser aller, avec qui construire un temps son existence ? Souvent, nous avons fait un choix. Mais restent ceux que nous n'avons pas faits, nos chances manquées, nos évitements, nos renoncements. Ceux-là sont rémanents. Ils réapparaissent sous toutes les formes, dans nos pensées et dans nos rêves, pour réécrire l'histoire ou pour la poursuivre, ne fût-ce que virtuellement.

Ces réapparitions méritent d'être interprétées. Elles viennent éclairer le quotidien, impulsent de nouvelles idées pour l'avenir. Elles sont leçons du passé et stratégies d'existence.

En voici un exemple typique, celui de Lætitia.

Rêve 5

« Mon ex me regarde faire l'amour »

Mon ex-mari entre brutalement chez moi accompagné de son chef. Ils ont passé la nuit à faire, à tour de rôle, l'amour à une cliente. Tous deux se vantent de leurs exploits sexuels avec cette jeune femme. C'est alors que mon ex propose à son chef de me faire l'amour pendant que lui regarderait. Dans le rêve, fragilisée par mon récent divorce, je me laisse faire, sans éprouver ni plaisir ni dégoût. Après l'acte, je me rhabille en silence, triste. Je me réveille profondément amère. Je me sens très mal depuis…

LÆTITIA, 47 ANS, BANLIEUE LYONNAISE

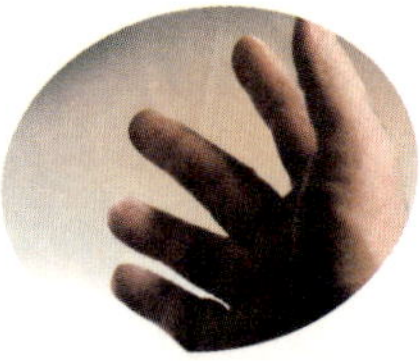

Tristesse dans le rêve, amertume au réveil… Lætitia se pense souillée de s'être livrée à un acte sexuel sans amour. Perplexe, elle se demande si elle ne révèle pas par ce rêve quelque penchant pervers. Pourtant, ce n'est pas ainsi qu'elle se perçoit. Mais ce qu'elle a pu lire ou entendre ici ou là sur la capacité des rêves à mettre au jour des désirs refoulés… Tout cela serait-il vrai ?

Lors de notre conversation téléphonique, je la rassure. Ce n'est pas ainsi qu'il faut considérer les choses. Un rêve n'est pas une photographie de notre inconscient, mais une sorte de pari sur l'avenir. Et puis nous parlons de son mari, son ex-mari… La plus grosse déception de sa vie, l'effondrement d'une existence, comme un décor qui s'écroule, laissant place à un champ de ruines.

Elle m'a raconté la relation fusionnelle qu'elle a entretenue durant vingt-cinq ans avec lui, l'univers qu'ils avaient construit, à deux. Ils se sont connus à 20 ans, ont découvert l'amour ensemble… et la vie. Tous deux encore étudiants, ils se sont stimulés, ont réussi de bonnes études. Lui s'est trouvé une situation confortable et elle un métier qu'elle aime, qui lui a permis de se réaliser, d'exprimer sa créativité. C'était une relation « à l'ancienne » : il était à la fois son mari et son guide, le capitaine de leur navire.

Mais, un jour, elle a découvert qu'il menait une double vic, entretenant depuis des années une liaison avec une collègue de bureau. Questionné, il a nié. Lætitia a eu recours aux services d'un détective. Elle lui a mis le nez dans ses fourberies et ses mensonges, l'a contraint à reconnaître son infidélité. Et, depuis lors, c'est un désastre ! Séparation, avocats, disputes, divorce… Et quelquefois elle s'interroge. N'aurait-il pas mieux valu ne rien savoir, ne pas voir ? Je réagis : voir ?… Voir ce que l'on n'aurait pas dû voir. C'est précisément la question que pose son rêve.

Dans son rêve, Lætitia se donne à voir alors qu'elle s'adonne à une relation perverse avec le patron de son mari. Inversion dont les rêves sont coutumiers puisque c'est elle qui a révélé la perversité de son mari ; elle qui a vu ce qu'elle n'aurait pas dû voir. Retournement de situation : dans le rêve, le voyeur s'offre à la vue alors que le surpris surprend. Et de la passivité qu'elle se reprochait la voici devenue active.

Voilà donc le premier message du rêve : pour se sortir de l'ornière, il est primordial dc transformer la passivité en activité.

Elle l'a fait, du reste, mais sur le coup de la colère, sans vraiment y croire. Après la séparation, Lætitia a entretenu quelque temps une relation amoureuse avec un autre homme. Il lui fallait se prouver qu'elle était encore capable de plaire. Cette relation qui était une revanche exhibée à la face du mari n'a pas duré bien longtemps. Mais, après cela, quelle tristesse finalement ! La confrontation les a laissés tous deux épuisés. Aujourd'hui, son mari est aussi triste qu'elle. L'exigence de vérité de Lætitia l'a coincée ; sa fierté l'empêche désormais de faire machine arrière.

Double aporie qu'aiment à traiter les rêves. Elle ne peut se satisfaire de la situation actuelle qui la contraindrait à penser que vingt-cinq ans de sa vie n'étaient qu'illusion ; elle ne peut davantage revenir en arrière, faire comme si elle n'avait pas vu la trahison de son mari. La solution qu'imagine le rêve : il lui faut changer !

Je lui fais remarquer combien elle était étonnée de cette relation sexuelle dans le rêve avec le patron de son mari, un homme qu'en réalité elle n'a jamais rencontré. Avoir une relation sexuelle en rêve avec un supérieur, un patron, une patronne, un ministre, le président de la République (ce qui n'est pas rare) prédit un changement dans son mode d'existence – promotion sur canapé dans le rêve, organisation délibérée de son avancement dans la vie. César n'a-t-il pas rêvé d'un coït avec sa mère avant de se décider à prendre Rome[1] ?

Voici donc la décision prise en rêve. Plutôt que s'acharner à résoudre la double aporie, il lui faut déplacer le problème, y revenir à partir d'une autre position, métamorphosée. Se réaliser davantage dans sa profession avant d'envisager une nouvelle relation amoureuse.

1. Dans sa *Vie de Jules César*, Suétone raconte qu'alors qu'il était magistrat en Espagne et qu'il s'était langui devant la statue d'Alexandre, pensant qu'à son âge l'autre avait conquis le monde, César fit un rêve durant lequel il violait sa propre mère. Les devins interprétèrent son rêve en lui rappelant que notre mère à tous était la terre et qu'il soumettrait, par conséquent, le monde à sa volonté. Peu de temps après, César passa le Rubicon et s'empara du pouvoir à Rome.

Voici donc le conseil que je lui ai donné :

Mon conseil

Si vous avez cette relation avec le patron de votre ex-mari, c'est que vous allez changer dans votre métier. Dans les rêves, les relations sexuelles sont souvent le théâtre de notre vie professionnelle, sans doute du fait que l'on passe bien plus de temps à commercer avec son métier qu'avec son amour. Vous me l'avez dit, vous terminez une formation qui vous permettra de progresser. Vous réussirez, j'en suis persuadé. Permettez-moi seulement de traduire votre rêve par une formule : « Plus indépendante et non pas soumise, plus désirable d'être différente… »

CHAPITRE 6

... Rêve-prédiction ...

Il ne m'est jamais arrivé de prononcer une conférence sur les rêves sans qu'un auditeur me pose la question des rêves prémonitoires. Existent-ils, ces rêves où l'on voit un événement – souvent une catastrophe, un accident, souvent une mort – qui survient le lendemain ou les jours suivants ? Je refuse de répondre à cette question qui me condamne à choisir entre rationalisme obtus et profession de foi mystique. Je sais pourtant que, mouvements vers l'avenir, expression de la liberté d'imaginer un lendemain improbable, les rêves sont tous, plus ou moins, prémonitoires. Non pas « prémonitoires » au sens qu'ils prédiraient un événement précis, mais, tendus vers le lendemain, ils brassent hypothèses et constructions. Si bien que dans leur prémonition des lendemains, ils sont plus proches de vérités théoriques, même s'ils restent souvent très éloignés des réalités.

C'est ce processus que je voudrais illustrer ici en relatant un rêve qui révèle une intelligence visionnaire en action.

Mais si le rêve est littéralement pré-vision, c'est-à-dire mise en images d'une vision de l'avenir, il a besoin de l'interprète pour devenir pré-diction, parole sur un devenir qui, parfois, influence subtile, fait pression sur la destinée… Car des paroles bien dites, des béné-dictions, ont des capacités autoréalisatrices. Voilà donc la complexe articulation, toujours interactive, liant vision de la nuit, confidence du réveil et paroles de destinée.

Rêve 6

« Mauvaise surprise au restaurant »

Mon amie Catherine m'a invitée au restaurant. Sur la porte, je déchiffre la carte. Ce sont des plats de fête, des fruits de mer, des crustacés. Je suis heureuse et lui exprime ma joie. Nous entrons. Lumières tamisées, bougies sur les tables, c'est un endroit chic. Nous attendons un moment. Lorsque, finalement, je suis servie, j'ai un mouvement de recul. L'assiette est vieille, ébréchée, les aliments gâtés, presque pourris. J'ai une réaction de colère. Je regarde mon amie. Elle ne dit rien, juste un signe, elle hausse les épaules, comme si elle voulait me signifier : « En France, c'est comme ça ! » J'émerge de ce rêve avec le sentiment d'avoir été victime d'une injustice.

Louisa, 35 ans, artiste,
Clermont-Ferrand

« En France, c'est comme ça ! »... On devine que Louisa vient d'ailleurs. Elle est née et a grandi en Turquie. Elle a réussi l'équivalent du bachot et, à 18 ans, a décidé de rejoindre la France pour réaliser son rêve de devenir artiste. Elle n'est pas encore parvenue au sommet, mais réalise des œuvres appréciées par ses pairs. Elle en est heureuse, baignée du sentiment que, même si elle n'a pas rencontré le succès populaire, elle parvient à exprimer son talent. Mais alors, d'où provient le sentiment d'injustice qu'elle éprouve à l'issue de son rêve ?

La nourriture, elle le sait, exprime le mieux l'ambiance d'un monde. Ainsi, le goût d'un aliment, parfois son fumet, peut nous replonger en un instant dans l'atmosphère d'un pays, dans le souvenir d'une époque. Dans ce rêve, elle l'a vite compris lors de notre discussion, elle exprime sa nostalgie de la nourriture turque, si différente de celle qu'on mange en France. Cette nourriture, ces odeurs, ces épices, ces chairs, ces caramels et ces miels, elle ne les goûte plus guère que lorsqu'elle part rendre visite à sa mère, restée au pays.

De fil en aiguille, de nostalgie en souvenir, nous avons comparé la nourriture à deux autres registres qui possèdent ce même pouvoir d'évocation : la langue et les relations amoureuses. Et là aussi, elle éprouve, parfois violemment, les effets de l'absence. Certes, elle n'a plus souvent l'occasion de parler le turc, d'autant qu'elle a épousé un Français, seulement francophone. Elle vit en français, travaille en français, mange en Française, aime en français et, la plupart du temps, rêve aussi en français… Et il faut ajouter que son accent est à peine perceptible.

Cette « intégration » pouvait laisser penser à une véritable métamorphose de son identité, jusqu'à la naissance de sa fille, il y a un peu plus d'un an. C'est alors que toutes les nostalgies sont apparues et se sont déversées en vrac. Elle a éprouvé la nécessité de parler en turc à l'enfant, de rire en lui récitant les comptines du passé, de lui chanter les chansons de son enfance. Et puis, le second prénom de sa fille, celui par lequel elle aime l'appeler, provient précisément de l'une de ces chansons.

Elle le comprend maintenant, dans son rêve c'est sa fille qui se profile derrière son propre visage. Bien sûr ce n'est pas de la nourriture gâtée que Louisa sert à sa fille, bien au contraire ! Mais la colère du rêve, c'est bien celle de l'enfant qui a parfois des réactions de rejet, recrachant la purée que sa mère lui présente.

Les rêves traversent l'évidence immédiate pour nous propulser vers des questions que nous ne nous posons pas encore. Je formulerai celle du rêve de Louisa ainsi : « Si je ne donne pas à ma fille que j'élève comme une Française les habitudes qui ont été les miennes autrefois, ne me le reprochera-t-elle pas plus tard ?

Ne trouvera-t-elle pas cela injuste d'avoir été coupée, par les caprices de sa mère, d'une partie de ses racines ? »

Extraordinaire plongée dans le futur auquel procède le rêve de Louisa. Il contient bien plus qu'une prédiction : se faisant l'organe d'une véritable divination, il déroule devant ses yeux la possible destinée de sa fille tant aimée. Le rêve sait que, devenue adulte, l'enfant reprochera à sa mère sa méconnaissance de la culture turque.

Ayant compris l'intention du rêve et l'insistance de Louisa à me le raconter, voici le conseil que je lui ai donné :

Mon conseil

Ma chère Louisa, permettez-moi un conseil qui découle de votre rêve, qui se veut son prolongement : lors de votre prochain voyage en Turquie, laissez votre mère prodiguer à votre fille les soins traditionnels. Laissez-la lui accrocher les amulettes protectrices, comme elle le fit pour vous autrefois. Vous aurez ainsi semé les petits cailloux qui lui permettront de retrouver le chemin de la « turquité » lorsqu'elle en éprouvera le besoin.

CHAPITRE 7

... Rêve qui se fait obligation ...

Le rêve n'est pas un simple coup d'œil sur un monde éloigné, un film qu'on regarderait pour se distraire, qui nous aiderait à passer le temps de la nuit. Toujours étranger à nous-même lorsqu'il se présente dans notre sommeil, il s'insinue parfois dans notre conscience du lendemain, jusqu'à s'imposer comme une contrainte à penser. Brèche dans l'ordonnancement du monde, contrainte à interpréter, il est une dette contractée durant la nuit à l'égard de la vie réelle.

Certains rêves le sont plus que d'autres, se faisant énigme, obligation de comprendre. À peine éveillé, on est pris au corps par une inquiétude, une hâte à découvrir du sens. Jamais l'idée ne s'est faite aussi pressante. C'est avant tout pour ce type de rêves que la fonction de l'interprète se révèle indispensable.

Voici le rêve de Marie, qui me semble exemplaire par la contrainte qu'il exerce, sur la rêveuse, certes, mais aussi sur quiconque en prend connaissance…

Rêve 7

« Une inconnue occupe ma maison… »

J'arrive chez moi. La porte de mon appartement est entrouverte. Je la pousse et découvre une femme au milieu de mon salon. Mon canapé a disparu ; à sa place, deux petits lits, comme dans un hôtel. Deux enfants y sont couchés. Surprise et choquée qu'on ait ainsi pu entrer et s'installer chez moi, je cours dans ma chambre. Là, j'ouvre mon placard et découvre des vêtements de femme que je parcours de la main. Ce sont ceux de la femme. Mes affaires ont disparu ; ma maison ne m'appartient plus. Envahie d'une sensation terrible d'avoir été dépossédée de tout mon espace, je m'effondre en pleurs. Et l'angoisse du rêve m'envahit durant la journée.

MARIE, 35 ANS, GRAPHISTE, TOULOUSE

Chère Marie, vibrante d'intelligence ! Elle a spontanément relié son rêve à un événement qui l'a littéralement bouleversée. Graphiste free-lance, elle travaille régulièrement pour plusieurs périodiques. L'un de ses employeurs a soudain décidé de se passer de ses services. Elle a non seulement été remerciée en un jour, mais a aussitôt été remplacée. Et, tout comme dans la scène du rêve, une femme a occupé sa place… Elle a, certes, rapidement déniché un autre contrat qui compensait la perte financière subie, mais, confrontée à la mise en cause de son travail qui, la veille encore, semblait unanimement apprécié, elle s'est sentie dévalorisée, inutile. Elle se souvient précisément du moment où le rédac-chef lui a annoncé qu'il ne ferait plus appel à ses compétences… Une double réaction de surprise et de choc, comme dans le rêve… Saisie par ce qu'il faut bien appeler une frayeur.

Les frayeurs ne sont pas sans conséquences ; elles bouleversent l'âme, jusqu'à s'organiser parfois en véritables traumatismes. Tels des séismes, elles se manifestent par des répliques, dans les jours qui suivent, parfois durant des mois. C'est ce qui est arrivé à Marie. Peu de temps après son licenciement, alors qu'elle se trouvait à la piscine, elle a été terrassée par une véritable crise d'angoisse : tachycardie, étouffement, crispation des membres, sentiment de mort imminente…

Une fois lâché le souvenir de l'événement auquel le rêve est manifestement rattaché, une fois ses répliques anxieuses évoquées, nous avons parlé de la philosophie de vie de Marie. Joyeuse, aimant retrouver ses amis, sortir en boîte, danser, s'amuser… Très sociable, mais se tenant à une certaine distance, méfiante malgré tout.

Et puis, elle s'est souvenue. Cette sensation d'inutilité qu'elle a éprouvée lorsqu'on lui a signifié son éviction de la revue, elle l'avait déjà éprouvée auparavant. Et un effroi similaire… C'était il y a deux ans ; elle avait engagé une relation avec un garçon dont elle avait fini par tomber sérieusement amoureuse. Amoureux, il semblait l'être tout autant : il encensait sa beauté et s'extasiait devant son intelligence. À tel point qu'elle a « baissé la garde », « entrouvert la porte », lui livrant accès à son intimité. Pour la première fois, sans doute, elle s'est laissée aller jusqu'à exprimer librement ses désirs. Trois mois plus tard, de but en blanc, il lui a froidement annoncé qu'il mettait fin à leur relation. Elle a demandé des explications, bien sûr, essayé d'argumenter… Rien à faire. Il rompait, voilà tout ! Elle ne s'en est jamais vraiment remise, pauvre Marie ! Et, depuis, s'il lui arrive de connaître des garçons, elle se garde bien de se laisser prendre aux pièges de la passion. Car de la frayeur survenue à l'instant de l'annonce de la rupture, il lui reste ces questions restées sans réponse : « Qu'est-ce que j'ai fait ? », « En quoi lui ai-je déplu ? » et surtout : « Existe-t-il en moi quelque défaut qui repousse ? » Questions qui l'obsèdent encore aujourd'hui.

Dans le rêve, on s'en souvient, elle abandonne sa place à une femme qui doit s'occuper de deux enfants. Cette femme est non seulement utile, mais irremplaçable – c'est une mère ! Tout le contraire de Marie, encore célibataire à 35 ans, incapable de s'engager dans une relation durable, sans enfants. Sa vie lui plaît ainsi, la plupart du temps, mais quelquefois elle s'interroge : serait-elle condamnée à la futilité ? Son existence serait-elle contingente, remplaçable du jour au lendemain – au travail comme en amour ?

Nous voilà bien loin de l'événement, engagé, comme souvent par les rêves, dans l'évocation de chemins d'existence… Malgré la discussion profonde que nous avons pu avoir, la charge d'angoisse du rêve demeurait intacte. Car un tel rêve exige une réponse, une « interprétation », un débouché sur le monde.

Voici ce que j'ai répondu à Marie :

Mon conseil

Permettez-moi un conseil, ma chère Marie, faites le don d'un objet de valeur vous appartenant, un vêtement, par exemple… À qui ?… Qui vous voulez, une personne dans le besoin, une institution caritative… Pourquoi ? Mais pour changer de position ! Pour ne plus être celle qu'on congédie sans préavis.

Qui donne sans espoir de retour crée une dette du monde à son égard. Retournement de votre position intérieure qui fait de vous un être perpétuellement en dette vis-à-vis du monde !

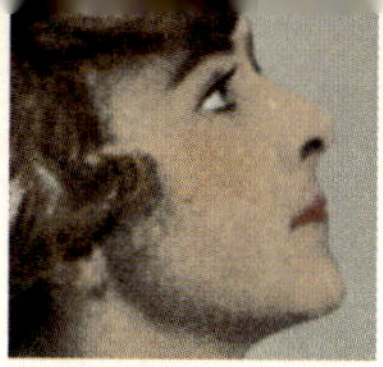

CHAPITRE 8

... Superposition de deux événements ...

On le sait de longue date, le rêve procède souvent à une superposition de deux événements, comme si un photographe avait développé sur le même support deux clichés représentant deux scènes qui n'ont aucun rapport l'une avec l'autre. Que résulte-t-il d'une telle superposition ? La réponse est évidente : une obligation pour le rêveur, et pour l'interprète à qui il confierait son rêve, de se livrer à des comparaisons[1].

Comment le rêve choisit-il parmi les sensations, les images, les pensées des jours précédents pour construire ces deux scènes ? A-t-il déjà une idée, une intention ? Ou bien est-ce par hasard qu'il choisit de comparer ces deux événements parmi des centaines d'autres possibles ? Pour contraindre le rêveur à penser à ce à quoi il n'a jamais pensé jusque-là ? Les logiciens le savent,

1. Artémidore de Daldis, prince des onirocrites, qui a écrit une interprétation des rêves au IIIe siècle après Jésus-Christ, le remarquait déjà, qui en faisait une des grandes catégories de rêves, ceux qui s'interprètent par la comparaison.

pour initier des idées inattendues, l'analogie est souvent un bon levier.

Intentionnelle ou née du hasard, la comparaison devra conduire, quoi qu'il en soit, à penser le lendemain, à trouver l'action qui débouche l'horizon… Une action qui permette au rêve de s'accomplir.

Voici donc le rêve de Colette, qui frappe par son contenu puissamment évocateur, bonne illustration de ces rêves de comparaison.

Rêve 8

« On m'emporte, vivante, avec des cadavres… »

L'une après l'autre, des personnes que je ne connais pas sont étendues sur le sol, puis enfermées dans une obscurité complète. On entend un bruit sourd ; quelque chose qui provoque la mort instantanée, sans douleur, sans cri, sans effusion de sang. Arrive mon tour. La porte se referme. À nouveau ce même bruit sourd. Mais lorsqu'on emporte mon corps avec les autres cadavres, je suis toujours vivante ! Je me vois quelque temps plus tard, debout, certes, mais avec la sensation d'être amputée d'une partie de mes sensations, comme si j'étais devenue hémiplégique.

COLETTE, 60 ANS, PHARMACIENNE, DAX

Voulait-on la tuer avec les autres ? Et d'ailleurs, de quoi s'agissait-il ? Assassiner des personnes en une sorte d'euthanasie institutionnelle ou bien les anesthésier, les priver d'une part de leurs sentiments ? Dans certains rêves, le flou des images ou des idées, l'impossibilité de décider de la nature d'une représentation sont le signe de la superposition de deux événements. Et c'est bien ce que livrera Colette aussitôt que nous commencerons à discuter de son rêve.

Le premier événement est bien présent à sa conscience. Dans sa jeunesse, à 25 ans, alors qu'elle terminait de longues études, elle a rencontré l'homme de sa vie. Elle savait que c'était lui – lui et personne d'autre ! Mais cet homme était instable, coureur, fuyant. Après quelques années d'une relation aussi intense que chaotique, il a disparu, la laissant plantée là, suspendue, attendant vainement son retour. Elle a obtenu son diplôme, s'est installée dans sa profession. Elle a fini par entrer dans la vie ! Elle a rencontré d'autres hommes, bien sûr, mais elle ne s'est jamais mariée. Plus encore, elle n'a jamais accepté d'avoir un enfant. Car pour elle, le seul père possible, c'était lui, cet homme qui s'est évanoui.

Et pourtant, il y a deux mois, il a réapparu ; il lui a même fait signe. Ils se sont revus, et c'était avec le même plaisir qu'autrefois. Mais lui, malgré la chaleur de leur rencontre, la franchise de leurs échanges, s'est obstiné à nier l'importance de leur relation, comme s'il voulait faire disparaître leur amour une nouvelle fois. C'est de ce jour que date le rêve qu'on peut comprendre alors comme une sorte de sursaut, une parole revendicatrice adressée à l'aimé : « Non ! Je ne suis pas morte ! Malgré tous tes efforts pour me faire disparaître de ta vie, je suis encore là. Je pense toujours à toi. »

Le second événement s'est révélé au cours de notre conversation. À la même période, il y a environ deux mois, le père de Colette, très âgé et atteint d'une maladie neurologique, a dû être hospitalisé en état de confusion. Il en est ressorti encore diminué et en partie hémiplégique. En prononçant le mot « hémiplégique », Colette sursaute en remarquant que c'est le même mot que dans son rêve. Elle reprend néanmoins le récit de la maladie de son père. Elle s'est occupée de lui à sa sortie d'hôpital, ils se sont parlé comme ils n'étaient jamais parvenus à le faire. Il lui a exposé les problèmes de la famille, lui a signifié l'importance qu'elle avait à ses yeux, elle sa première enfant, son aînée. En un mot, il lui a « transmis le flambeau ». C'est alors qu'elle a pris conscience de la place qu'elle occupe dans sa famille, à la charnière entre la génération qui s'en va et celle qui arrive…

Nous nous devons de répondre maintenant à la question initiale : pourquoi le rêve a-t-il superposé les deux événements : les retrouvailles (en partie) ratées avec l'homme de sa vie et l'explication (plutôt) réussie avec son père ?

D'abord, par une sorte d'analogie. Ces deux hommes qui ont compté dans sa vie sortent tous deux, au même moment, d'un long silence. Celui qu'elle souhaitait entendre lui dire l'importance qu'elle avait pour lui s'est tu, fuyant une nouvelle fois ; celui qu'on aurait pu penser anéanti, même gravement atteint, a parlé. Et il lui a dit ce qu'elle aurait souhaité entendre de l'autre : qu'à ses yeux, elle comptait plus que tout !

Mais, en tout cela, nous ne pouvons que décrire, constater. C'est tout le contraire du mouvement du rêve qui, s'il s'alimente en images, en pensées, en sensations dans la mémoire du rêveur, se projette en avant, pour trouver de nouvelles idées, inventer de nouvelles solutions… C'est ainsi que j'ai pensé que le rêve pouvait offrir une piste.

Comme il est impossible d'agir sur l'homme aimé de Colette, qui reste tout aussi fuyant qu'il y a trente ans, peut-être pourrons-nous agir sur l'autre, son père… Je l'ai invitée à me parler davantage de lui, de ses intérêts profonds. C'est ainsi qu'elle a évoqué le frère de son père, décédé voilà deux ans, un moine, qui a consacré sa vie à l'amour des autres. Il en parle quelquefois et, chaque fois, ses yeux s'emplissent de larmes.

Et voici ce que je lui ai dit :

Mon conseil

Il vous faut maintenant sortir du semblant, c'est ce que demande votre rêve ; assumer votre amour de toujours pour l'homme fuyant et occuper votre position dans la famille.
Permettez-moi un conseil, chère Colette. Conduisez votre père sur la tombe de son frère afin qu'il se recueille, accompagnez-le dans sa dévotion au mort. Je suis certain qu'après cela, une fois que vous aurez assumé votre place en vous occupant des anciens, votre ami acceptera le lien qui n'a jamais disparu malgré les années. Si on ne peut s'opposer au temps qui passe, sa remise en ordre nous le rend bien plus léger.

— III —

Rêve et cauchemar

CHAPITRE 1

... Le cauchemar : un rêve raté ...

Le rêve est une machinerie complexe dont la logique est de rechercher inlassablement des solutions. Pour ce faire, le rêve recueille les traces d'images, de paroles, de sons, d'impressions, de sensations, de sentiments vécus durant la veille et les brasse sans arrêt jusqu'à produire une réalité virtuelle qu'il nous présente à divers moments de notre sommeil. Le but est, cela va de soi, de fabriquer une réalité inédite, inattendue, d'où ces images impossibles, qui surprennent, ces bizarreries qu'il nous arrive d'apercevoir en rêve.

Face à cette réalité fabriquée qui nous est proposée alors que nos sens sont engourdis ou même annihilés, nous ne pouvons, la plupart du temps, que la prendre pour argent comptant. Au moment du rêve, le rêve est réel !

Il est proprement incroyable de disposer ainsi à demeure d'un bureau de *brain-storming*, au sens strict, d'un « remue-méninges » réservé à notre seul usage.

Triple travail du rêve, donc : 1° le recueil des traces ; 2° le brassage et la sélection des éléments qui seront utilisés dans le rêve ; 3° la fabrication d'un récit qui rend intéressante et crédible, malgré ses bizarreries, la nouvelle réalité que ce travail a engendrée.

Quelquefois, cependant, le rêve échoue. Il a bien procédé aux deux premières étapes de son travail, mais n'a pas réussi durant la troisième. Et lorsqu'il se trouve face à son propre résultat, il s'interrompt, comme sidéré. La réalité virtuelle qu'il propose au rêveur, qui se devait d'être radicalement différente, ressemble trop à celle de la veille. Le problème qui aurait dû se trouver transfiguré par le rêve reste reconnaissable, même s'il apparaît sous une autre forme.

Le rêve se transforme ainsi en cauchemar quand il ne parvient pas à accomplir la fonction qui lui est dévolue, celle de créer de l'inédit.

C'est exactement le cas du rêve d'Ariane que je vais relater maintenant – rêve qui est, pour moi, le prototype de ce type de cauchemars.

Rêve 9

« Je découvre mon amie dans mon jardin… »

Ce matin, je me suis encore réveillée en nage, après un cauchemar. Mon mari m'apprenait la mort d'une amie très chère. Et j'étais saisie d'effroi. Je me deman-

dais comment j'allais me débrouiller sans elle. Et puis, je me raisonnais… Allons ! Je n'allais pas m'effondrer ainsi… D'autant qu'elle n'était pas morte. À cette pensée, je l'apercevais, dans le jardin, qui préparait un barbecue. Elle était drôlement vêtue, d'un short et de cuissardes. J'ai alors pensé : « La pauvre ! Malgré ses efforts pour paraître sexy, elle semble toujours aussi masculine. » Je me suis cachée derrière une haie. Je ne voulais pas qu'on me voie. Et quelqu'un est passé dans l'allée, qui tenait à la main des résultats d'examens. Je me suis alors réveillée, envahie d'angoisse.

ARIANE, 40 ANS, KINÉSITHÉRAPEUTE,
ENVIRONS DE LIMOGES

Voilà donc un rêve qui nous renseigne, je l'ai dit, tant sur le mécanisme général de recherche de solutions que sur l'angoisse née de sa faillite. Mais quel est ici le problème auquel la rêveuse cherche une solution ?

Ariane est obsédée par la mort. Durant notre entretien, elle m'a confié qu'elle avait été fragilisée par une succession de décès : celui de son père, seulement âgé de 50 ans, alors qu'elle était enceinte de son second enfant, celui d'une cousine aimée, dans un terrible accident de voiture, et surtout, voilà quelques mois, celui d'Ingrid, une femme dont elle s'occupait professionnellement et qui était devenue une amie. Cette femme laissait un bébé de 1 an et un mari désespéré. Lorsqu'elle évoque son décès, Ariane en est encore bouleversée. C'est depuis lors qu'elle a, selon ses propres mots, « un peu pété les plombs ». Elle est constamment stressée, sur le qui-vive ; plus grave, elle est devenue agressive, notamment avec son mari.

Chère Ariane, la mort l'a effrayée, comme s'il s'agissait d'un être que, depuis, elle épie, tentant de prévoir à quel endroit il va frapper, pour éviter d'être surprise. C'est pourquoi elle redoute par-dessus tout l'annonce brutale de la mort d'un être cher. C'est là que réside la frayeur qu'elle a vécue à de nombreuses reprises, chaque fois plus violente, plus déstabilisante. On ne s'habitue pas au traumatisme, bien au contraire : l'effet du second est plus redoutable que celui du premier, et celui du troisième, pis encore. Voici donc le problème auquel le rêve tente de trouver une solution : comment ne pas être effrayé par l'annonce d'une mort inattendue ?

C'est à ce moment de notre conversation que je lui ai demandé de me relater la première fois où elle a été figée d'effroi à l'annonce d'une mort.

Elle hésite un peu… Le décès de son oncle, le frère de sa mère, qui s'était suicidé lors d'une permission de l'hôpital psychiatrique où il était interné ? Elle revient en arrière, doute de ce qu'elle vient de dire. Non, affirme-t-elle, elle était bien trop jeune… peut-être 4 ou 5 ans. Ou bien lorsque sa mère lui a fait part de sa décision de flanquer son père à la porte. Elle était âgée d'une douzaine d'années… Non ! Bien sûr qu'elle en a été effrayée, mais ce n'était pas la première fois… Puis soudain, comme un eurêka… elle a trouvé ! Maintenant, elle en est certaine. Un échange étrange qui l'a laissée abasourdie. Elle avait 9 ans. La famille passait des vacances au bord de la mer. Son père était présent et, pour une fois, il semblait détendu. C'est alors que sa mère, se tournant vers les enfants, a eu cette phrase terrible, qui est restée gravée en sa mémoire : « Avec ce qu'il boit et ce qu'il fume, ce n'est pas normal qu'il soit encore en vie… » Sa mère avait déclaré son père mort bien avant sa mort. C'était pire que l'annonce de sa mort. En évoquant cet événement lointain, datant de son enfance, elle revit la frayeur devant l'être de la mort. Cette même frayeur qui l'a fracassée à chaque annonce d'un décès. Mais, lorsqu'on y réfléchit, l'événement est plus précis ; il impose une nuance. La frayeur proviendrait du fait que quelqu'un sait et n'en est pas affecté, une sorte d'allié de la mort, comme sa mère qui annonce calmement le pronostic de son père.

Pour traiter ce problème – appelons-le « fragilité à la mort » – qui peut se manifester n'importe quand, le rêve commence par nier l'évidence. L'amie ne serait pas morte puisqu'elle prépare un barbecue dans le jardin. Mais c'est impossible ! Alors, il ruse. Il essaie d'éviter la surprise en proposant l'idée que la frayeur résulterait d'une sensibilité trop « féminine ». Il suggère que cette sensibilité ne serait qu'accoutrement, comme les cuissardes de son amie… Mais cela ne suffit pas ! Il essaie ensuite de maquiller l'annonce de la mort – non, ce n'est pas un faire-part de décès que livre le facteur, mais des résultats d'examens. Et, là encore, il échoue car il s'agit d'examens médicaux qui, sans doute, condamnaient la malade. Devant la faillite de toutes ses ruses, le rêve laisse place à l'angoisse qui s'exprime sans plus de détour ; le rêve devient alors cauchemar.

On comprend du coup pourquoi un tel rêve se répète régulièrement. Il signale le problème et chaque fois échoue à le résoudre. Il recommencera encore tant qu'on n'aura pas trouvé le moyen de surmonter la difficulté. Il pourra se reproduire avec de légères variantes durant des années, parfois des dizaines d'années. Pour le résoudre, l'interprète de rêve devra se faire rêve lui-même, c'est-à-dire inventer une solution en puisant dans les traces du rêveur.

Je fais remarquer à Ariane que, depuis son enfance, elle a sans cesse subi les effractions de la mort qui est chaque fois entrée dans son univers sans crier gare, sans doute aidée par cet allié dans la place, celui qui est informé de la mort (par la mort ?) – autrefois c'était sa mère, dans son rêve, son mari. Jusqu'alors, elle a tenté de lutter contre l'être de la mort. Peine perdue ! Elle devrait prendre le problème autrement. Pour quelle raison est-elle aussi sensible, la chair comme à vif ? On dirait qu'il lui manque une protection, un filtre, une membrane. La meilleure enveloppe, lui dis-je, c'est encore l'eau, qui protège des violences du monde – et cela commence très tôt, dès les premiers moments de notre existence, alors qu'on baignait dans le liquide amniotique. C'est à ce moment qu'elle se souvient que son grand-père, qui était un peu sorcier, lui a enseigné il y a bien longtemps la façon de découvrir des sources à l'aide d'une baguette. Quoique encore une enfant, elle était douée. Il n'y avait pas une fois sans que la baguette se mette à vibrer.

Elle me dévoilait l'autre face de sa sensibilité, qui ne s'exprime pas seulement dans ses frayeurs, mais aussi par ce don, cette capacité à capter les forces qui passent.

Et voici ce que je lui ai dit pour finir :

Mon conseil

Permettez-moi un conseil, chère Ariane : retrouvez l'une des sources de votre enfance et lavez-vous de son eau, seule, en pleine nuit. Vous ne supprimerez pas la mort, c'est certain, mais atténuerez l'effet de son annonce.

CHAPITRE 2

... Cauchemar-paralysie ...

La paralysie éprouvée dans le rêve ou à son crépuscule, au moment du réveil, dans un état mental proche de la confusion, est caractéristique de certains cauchemars récurrents, connus depuis l'Antiquité. La plupart du temps, ces cauchemars mettent en scène un être, un diable, un djinn, une goule ou un animal hybride, telle la sphinge des Grecs ou la chimère des célèbres tableaux de Füssli, qui enfourchent le dormeur, l'oppressant de tout leur poids jusqu'à l'étouffer. Peur du diable ou de l'esprit démoniaque, terreur, en une semi-conscience, de se réveiller paralysé, d'être enterré vivant, de périr étouffé, sentiment d'imminence de sa propre mort... telles sont les angoisses qui accompagnent en général ces rêves.

Les recherches expérimentales des neurologues ont mis en évidence la relation entre ces cauchemars et la paralysie caractéristique du sommeil paradoxal. On pourrait ainsi définir ces cauchemars, d'un point de vue neurologique, comme une mauvaise coordination des réveils des différentes parties du cerveau. Tout se passe comme si la conscience s'éveillait avant que soit levée la paralysie musculaire – et l'on sait que, durant le sommeil paradoxal, tous les muscles sont paralysés, y compris ceux de la poitrine. C'est sans doute l'origine de la sensation de poids oppressant et d'étouffement[1].

Mais, ici, les neurologues se contentent d'un constat, d'une parole qui désigne. Il n'en reste pas moins que, pour chaque rêveur, ce type de rêve vient s'inscrire à un moment de son histoire, fracturant ses évidences, installant d'interminables questionnements. Voilà le rêveur avec une faille dans son univers, un fragment incompréhensible de lui-même, avec des peurs aussi, de s'endormir, redoutant de replonger dans les mêmes angoisses… Pour ces cauchemars, comme pour les autres rêves, s'impose une parole circonstanciée, qui tienne compte de sa vie et de l'univers culturel où il a grandi – une parole qui ouvre sur le monde. Ce qu'on appelle, improprement, à mon sens, « interprétation ».

Le rêve de Rosalie, que je rapporte ici, est à la fois un rêve typique de paralysie, probablement favorisé par son état physique, mais aussi l'expression d'un espoir de maîtriser enfin des fonctionnements qui lui échappent depuis toujours.

---

1. Voir l'étude récente d'Isabelle Arnulf, *Une fenêtre sur les rêves*, *op. cit.*

Rêve 10

« Mon corps est totalement paralysé… »

La première fois que j'ai fait ce cauchemar, je me trouvais dans une voiture. Dans le rêve, je me voyais sur le siège avant, là où je me trouvais en réalité, consciente de ce qui se passait autour de moi, mais paralysée… Je voulais avertir mes proches qu'il y avait quelque chose qui n'allait pas, qu'il fallait me porter secours, mais il m'était impossible de bouger. J'essayais de crier et aucun son ne sortait de ma bouche, d'autant plus inquiète que pour eux je dormais paisiblement. Ce cauchemar est récurrent. Il peut survenir la nuit dans mon lit, ou n'importe où, durant une sieste. L'angoisse est telle que j'en ai la respiration coupée. Je me réveille ensuite haletante, tremblante, en pleurs et avec la terreur de me rendormir.

ROSALIE, 29 ANS, AIDE PUÉRICULTRICE,
RÉGION DE BORDEAUX

Je veux d'abord remercier Rosalie pour m'avoir confié ce rêve et les pensées très personnelles qui l'accompagnent, la remercier pour la confiance qu'elle m'a ainsi témoignée, et pour le présent qu'elle m'a offert. Car je considère son rêve comme le prototype du cauchemar-paralysie, avec les deux sensations que l'on retrouve toujours : *la paralysie et le sentiment d'urgence.*

Lors de notre conversation, nous avons pu voir ensemble pour quelles raisons il s'est répété, toujours plus intense, jusqu'à l'empêcher de dormir.

Rosalie souffre depuis l'enfance de ce qu'elle désigne comme un « énorme manque de confiance en elle-même ». Cette fragilité très ancienne se manifeste par l'impossibilité d'affronter le regard d'autrui, l'impression permanente de ne pas avoir fait ce qu'on attendait d'elle, la terreur de décevoir… Peu à peu, elle s'est renfermée. Enfant, elle se réfugiait dans une sorte de bulle, ne parlant à personne. Mais en grandissant, la pression du monde devint intolérable, au point qu'à l'âge de 20 ans, elle finit par s'interdire de sortir, de crainte d'affronter la présence des autres. Des entretiens avec une psychologue, le soutien d'une homéopathe, aussi, lui ont permis de retrouver une vie sociale. Mais, au fond d'elle-même, le problème demeurait, elle en avait l'intuition, inentamé.

Elle a bien voulu me le décrire, son problème, avec émotion, il est vrai. Rosalie souffre d'une obésité grave, qu'on appelle « morbide ». Peut-être son manque d'assurance, sa phobie du monde, provenaient-ils de là… Peut-être en étaient-ils la conséquence. Car, durant l'enfance, il lui a fallu supporter les moqueries, la redoutable discrimination des enfants singuliers dans les cours d'école. Et, peu à peu, s'est installé un cercle vicieux. Pour fuir les quolibets, elle s'enfermait ; pour supporter la solitude, elle mangeait de manière boulimique et grossissait... Alors, elle s'enfermait davantage, et ainsi de suite.

En s'écoutant me raconter les problèmes de son enfance, Rosalie s'interrompt, étonnée. C'est que, malgré tout cela, aujourd'hui elle se porte plutôt bien, heureuse avec un compagnon aimant et attentionné. Et c'est depuis ce moment, depuis qu'elle vit en couple, que ce cauchemar envahit ses nuits et déborde sur ses jours. Il revient souvent alors qu'elle est étendue auprès de son aimé, à nouveau incapable de l'alerter. Elle se réveille en pleurs, angoissée ; excédée, aussi, de ne parvenir à maîtriser cette part d'elle-même. Elle reste alors assise sur le lit, sanglotant, incapable d'expliquer à son compagnon le motif de son mal-être.

Certes, ce cauchemar se développe en un contexte neurologique perturbé, sans doute aggravé par l'obésité. Mais, du fait que sa fréquence augmente à l'aune de son bonheur en couple, on doit aussi le considérer comme un signal d'alarme. Il l'avertit d'un danger, revient, frappe encore à la porte de sa nuit, insiste.

Ce danger, je le connais. Rosalie m'a dit qu'elle avait accepté l'opération chirurgicale que préconise son nutritionniste, une *sleeve*[1], qui lui permettra de perdre enfin cet excès de poids qu'elle porte depuis toujours. Inquiète à l'idée de cette intervention dont elle comprend parfaitement la nécessité, elle se pose toutes sortes de questions. Certes, elle sera débarrassée d'une part de son corps qu'elle perçoit maintenant comme une masse nuisible qui l'enserre, l'oppresse, l'étouffe. Oui ! son surpoids est devenu un ennemi. Mais elle n'a pas oublié qu'il a longtemps été son allié, le protecteur de son intimité, ce qui en elle permettait de tenir les autres à distance.

Alors, j'ai pris la liberté de lui expliquer que son cauchemar était à la fois un signal d'alerte, l'avertissant que cette intervention, nécessaire, n'était pas anodine, mais aussi une sorte de préparation, un entraînement à l'anesthésie qu'elle devra subir.

Voici ce que je lui ai dit :

Mon conseil

Chère Rosalie, inutile de vous le signaler, vous l'aviez compris avant que nous n'échangions

1. La *sleeve* est une gastrectomie consistant à retirer une grande partie de l'estomac. Reconnue efficace pour traiter les cas d'obésité morbide, elle agit en diminuant considérablement la quantité de nourriture ingérée, mais aussi en supprimant la sensation de faim.

ensemble, vous allez traverser les étapes d'une véritable métamorphose. Ce cauchemar, vous le ferez encore quelquefois jusqu'à l'opération. Notez-le, gardez-le sur un morceau de papier, dans votre poche. Lorsqu'il surviendra à nouveau, notez-le encore et soulignez les différences. Il se transformera peu à peu jusqu'à devenir un rêve.

CHAPITRE 3

… Cauchemar-signal d'alarme …

Le rêve est une altérité installée à demeure. Je ne comprends pas pourquoi la langue française dit : « J'ai fait un rêve. » Aucune action de notre part dans la production onirique, rêver est bien plutôt l'expression d'une sorte d'instinct. On ne choisit pas de « faire un rêve », pas plus de manière consciente qu'inconsciente. « J'ai eu un rêve », que la langue française tolère, est bien plus proche de l'expérience vécue. D'autres langues, le grec de l'Antiquité, par exemple, ou l'arabe, disent : « J'ai vu un rêve », car le rêve est très intimement lié à la vision[1].

Les Grecs anciens disaient aussi : « On m'a envoyé un rêve », considérant qu'il s'agissait d'un message adressé

1. Pas exclusivement, bien sûr, on ne fait pas que voir dans un rêve, on sent aussi, on entend, parfois, on goûte, rarement, on ressent, des émotions et des souffrances, il nous arrive de pleurer, quelquefois d'exploser de joie et, exceptionnellement, d'éprouver du plaisir. Mais la vision reste prédominante. C'est pourquoi « j'ai vu un rêve » devrait être aussi acceptable que « j'ai eu un rêve ».

par une puissance, un dieu, le plus souvent[1]. Les rêves prophétiques si nombreux dans les grands textes monothéistes témoignent du fait que le rêve – au moins certains rêves – étaient perçus comme émis par un tiers.

Ce que l'on connaît des théories du rêve des Indiens d'Amérique semble bien indiquer que pour eux, le rêve est un être[2]. Ainsi disent-ils au réveil des phrases telles que : « Cette nuit, Rêve m'a visité. »

Cette idée selon laquelle le rêve est un être doué d'autonomie (il vient quand il le décide), d'intentions, aussi, et pas nécessairement bénéfiques, fait aussi partie du vocabulaire de la langue française. Ainsi, le mot « cauchemar » serait composé de deux mots anciens : *mare,* qui désignerait « un être », ou « une cavale », et *cauche,* qui signifierait « oppresser », « appuyer sur la poitrine ».

Il faut dire que, du fait de leur caractère désagréable, l'altérité des cauchemars est plus immédiatement perceptible que celle des autres rêves. On dit plus facilement : « J'ai eu un cauchemar », ou même parfois : « Mon cauchemar est revenu cette nuit », l'identifiant

---

1. « Le Grec "recevait la visite d'un rêve" (*episkopein*), tout au plus, il "voyait un rêve" (*enupnion idein*) ; il n'aurait pas eu l'idée de dire, comme le Français d'aujourd'hui, "j'ai fait un rêve" ou l'Italien, "*ho fatto un sogno*". » Carl Alfred Meïer, « Le rêve dans l'ancienne Grèce », *in* Roger Caillois et G. E. von Grunebaum (dir.), *Le Rêve et les Sociétés humaines*, Paris, Gallimard, 1967, p. 295.
2. La littérature est très abondante sur le sujet, surtout en langue anglaise et en espagnol. Pour ne pas alourdir l'exposé, je renverrai ici à la remarquable monographie de Michel Perrin, *Les Praticiens du rêve* (*op. cit.*), où le lecteur pourra trouver de nombreux exemples.

par conséquent comme un être doué d'une capacité à circuler, à aller et venir.

Mais, s'il est vrai que le cauchemar vient (ou survient, si l'on préfère), ce n'est certes pas sans motif. Pour certains, c'est pour prévenir, d'un danger, par exemple, pour d'autres, pour exiger, pour d'autres encore, pour rappeler que certaines actions qui s'imposent n'ont pas été accomplies.

Le rêve d'Augustin que je vais rapporter maintenant relève de cette dernière catégorie.

Rêve 11

« J'ai peur d'être un assassin »

Je rêve que je tue deux de mes cousins et que je les cache sous le parquet. C'est un rêve récurrent qui a pour cadre une maison de banlieue un peu vétuste. Il y a du monde, des amis, de la famille. J'ai peur qu'ils finissent par s'apercevoir de la présence des corps à cause du parquet endommagé ou bien de l'odeur. Je n'ai qu'une idée en tête : les faire partir. J'ai beau me dire que ce n'est qu'un rêve, je n'en suis pas certain et plus le rêve avance, plus je m'angoisse. Je me dis qu'on va découvrir les cadavres et m'accuser de leur mort…

AUGUSTIN, ENSEIGNANT, YONNE

Voilà donc un cauchemar qui s'est souvent présenté par le passé dans les nuits d'Augustin et qui s'est répété régulièrement durant des années et qu'il lui arrive encore de subir. C'est pourquoi il reste en lui comme une question sans réponse. Il le perçoit intuitivement, ainsi qu'un signal d'alarme, une lumière rouge qui clignote pour attirer son attention. Après son cauchemar, Augustin se réveille angoissé, mal à l'aise, avec le sentiment d'un péril qui le menace. Mais quel péril ?

Et ce cauchemar tire sa force de conviction du fait qu'il emprunte des éléments à la réalité. Les deux cousins évoqués dans le rêve sont bien décédés de manière inattendue, l'un d'une maladie grave qui l'a emporté prématurément, l'autre dans un accident d'avion resté inexpliqué, laissant leur mère, la tante d'Augustin, désespérée. Peu de temps après, elle est morte à son tour, Augustin se retrouvant l'un de ses héritiers. Eh bien, ce sont ces deux cousins qu'il a enterrés sous le plancher dans la maison du rêve – ceux dont il craint qu'on lui impute la mort.

L'un des sentiments désagréables du rêve est précisément la culpabilité. Il redoute qu'on l'accuse. Mais à y réfléchir, il reconnaît ce sentiment ; il l'a éprouvé durant la veille, moins aigu, certes, moins dramatique que dans le rêve car, au fond de lui, il estime qu'il a bénéficié indûment de l'héritage. Si la vie avait normalement poursuivi son cours, ce sont ses cousins qui auraient hérité de leur mère et non pas lui. À l'époque, quelqu'un aurait pu – pourrait encore, peut-être – lui faire remarquer qu'il avait intérêt à leur mort. Comme on l'écrit souvent dans les polars : « À qui profite le crime ? » Et c'est à lui, Augustin, que ce crime profitait – s'il s'agissait d'un crime. Peut-être pourrait-on seulement lui reprocher d'avoir souhaité cette mort ? Cela suffirait-il à en faire un assassin ?

Durant notre conversation, il m'a confié que, dans cette succession, figuraient aussi des objets d'art. En plus de la somme d'argent, Augustin a aussi hérité de deux statuettes. C'étaient ces mêmes statuettes qu'il admirait en secret, lors de ses visites chez sa tante, lorsqu'il était enfant. Elles lui plaisaient, ces statuettes, beaucoup ; elles l'impressionnaient, aussi, elles avaient l'air si vivantes, mais il n'aurait jamais imaginé qu'elles lui reviendraient un jour. Ces statuettes ont une véritable valeur artistique ; elles pourraient se monnayer au prix fort. Mais ce n'est pas tant leur valeur qui l'impressionne, non, plutôt leur présence, presque humaine. Elles sont deux, comme les disparus ; il les retrouve chaque matin dans son salon. Il a le sentiment qu'elles le regardent, comme si elles avaient pris le relais des cousins morts. À la fois rappel de ces décès prématurés et regard sévère sur lui-même, tel l'œil de Caïn.

Ces statuettes représentent un homme et une femme, un couple et, lorsqu'il les contemple, il lui arrive de penser que ses deux cousins sont morts sans se marier, sans laisser de descendants – c'est bien pourquoi il a pu bénéficier de l'héritage, du reste. Mais un héritage comporte deux faces, « l'actif et le passif », comme on dit. Il se demande quelquefois : n'a-t-il pas contracté une dette envers ces vies interrompues, qui n'ont pu s'accomplir ?

Je dois dire qu'Augustin m'a impressionné par sa capacité à pénétrer les arcanes complexes du fonctionnement psychologique. Car il a soudain compris le message de son cauchemar. Il s'est demandé s'il ne devrait pas faire quelque chose pour que cet héritage ne l'empêchât pas de vivre, de fonder une famille et faire des enfants…

Et voici le conseil que je lui ai donné :

Mon conseil

Permettez-moi, cher Augustin, un petit conseil qui, me semble-t-il, découle directement de votre rêve. Oui, vous avez raison ! Faites quelque chose pour les deux disparus. Rendez-vous sur leur tombe, recueillez-vous, promettez-leur d'honorer leur mémoire. Engagez-vous à donner leur nom aux enfants que vous aurez. Je suis persuadé qu'après cette série de cauchemars, un tel geste dynamisera votre vie.

CHAPITRE 4

… Cauchemar-contrainte à agir …

L'apparition des animaux en rêve n'a pas été traitée avec l'attention qu'elle mérite. On essaie en général de rapporter les animaux à ce qu'ils ne sont pas, les considérant comme des symboles. Le serpent signifierait cela, l'araignée ceci, l'abeille autre chose encore… On oublie que le rêveur détient souvent une véritable connaissance des animaux et que leur apparition suit les détails de leur conformation physiologique ou de leur éthologie.

Ici la rêveuse considère les chiens de son rêve à partir de caractéristiques précises qu'elle connaît pour les avoir observés, étudiés… Elle connaît les chiens, d'abord parce qu'elle les aime… Elle est émue par leur destinée, inscrite, pour une part, dans leur hérédité. Le chien est un être-pour-la-déception. L'animal s'attache à son maître, lui témoignant dévouement sans faille et fidélité allant jusqu'à la mort, alors que l'autre use de lui comme d'un instrument, notamment les chiens de chasse dont on n'hésite pas à se débarrasser dès lors qu'ils ne peuvent plus remplir leur fonction. Qui n'a eu les larmes aux yeux en présence d'un chien subissant les violences de son maître, devant son regard éploré, suppliant, devant sa soumission, surtout, à laquelle il lui est impossible d'échapper.

Et puis le chien est un déterreur d'ossements. Il ne peut s'empêcher de fouiller la terre. L'événement ne se produit plus guère dans nos régions, en notre temps, mais il lui arrivait, il lui arrive encore certainement ailleurs, de mettre au jour des cadavres. C'est sans doute pour cela que les traditions anciennes l'ont souvent associé à la conduite de l'âme des morts[1]. On le dit « psychopompe », c'est-à-dire « conducteur des âmes », et donc susceptible de les accompagner jusqu'à leur dernière demeure. Mais on le pense aussi capable de guider les âmes naissantes, celles des nouveau-nés, à leur premier corps.

Ces caractères, accolés à l'être du chien, ne sont pas des symboles ; ils expriment la compréhension fine de l'éthologie du chien – une compréhension qui peut être utilisée dans les rêves, comme on va le voir, pour reconstruire la vie.

---

1. Les exemples sont nombreux ; je n'en citerai que deux, les plus connus : chez les Égyptiens de l'Antiquité, Anubis, le dieu à tête de chien, conduisait les âmes des disparus jusqu'au monde des morts ; Cerbère, le chien à trois têtes de l'Antiquité grecque, gardait la porte des Enfers…

Rêve 12

« Je vois deux chiens martyrisés… »

J'attendais l'ascenseur. Derrière moi, une dame, la quarantaine chic, hurle à l'adresse de ses deux chiens. Je me retourne et vois qu'elle expédie un violent coup de pied dans l'estomac de l'un d'eux, un lévrier, qui se retrouve projeté sur la paroi, suspendu à un crochet. Choquée par la violence de l'agression et le sang qui gicle, je ne sais que faire. À côté de moi, un homme, qui a vu la même scène, intervient et apostrophe la femme. Il lui dit qu'elle est folle, que ce n'est pas une façon de traiter les animaux. Elle répond que les animaux sont stupides, tout particulièrement les siens. Elle se précipite alors sur son deuxième chien et le bat à mort. Je me réveille, angoissée par la scène, envahie de culpabilité en repensant à ma lâcheté, moi qui n'ai pas osé intervenir.

LAURA, 26 ANS,
PROFESSEUR DE YOGA, NORD

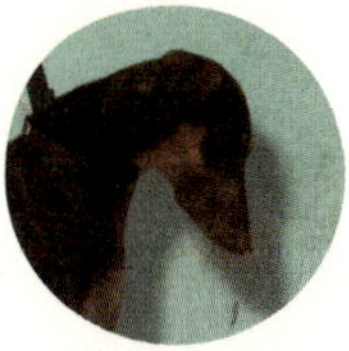

Chère Laura, généreuse Laura, qui consacre l'espace de ses rêves à la cause des chiens battus. Elle est ainsi, Laura ! Mais si elle me confie ce cauchemar qui se répète avec insistance jusqu'à hanter ses nuits, c'est qu'il l'empêche de trouver le sommeil, tant elle redoute de le voir réapparaître.

Nous avons tout naturellement parlé de l'importance que les chiens revêtent à ses yeux. Elle en a possédé un autrefois, qui l'avait vue grandir, qui avait accompagné ses jeux d'enfant et sa découverte du monde. Mais ce chien n'avait rien de commun avec ceux de son cauchemar, des lévriers, des *galgos*. J'avoue mon ignorance. Elle m'explique que ces chiens de chasse appartiennent à une race martyre. En Espagne, une fois la saison de chasse achevée, ils subissent les pires violences avant d'être achevés dans des conditions atroces. Émue par leur sort, Laura a rejoint la très active association qui s'est constituée pour les défendre[1].

De fil en aiguille, le long d'associations d'idées qui ont parcouru le dévouement des chiens, la trahison de leur maître et la déception qu'ils incarnent à ses yeux, elle me parle d'elle. Elle est scandalisée par la facilité avec laquelle les humains se laissent aller à bafouer le vivant. Elle a 27 ans ; amoureuse de la vie, elle rêve de la donner. Elle souhaite plus que tout avoir un enfant. Elle fréquente un jeune homme dont elle est amoureuse. Elle serait enchantée d'avoir un enfant avec lui. Mais il vit en ménage avec une autre femme, tout en

1. Association qui défend la cause des chiens *galgos*, mais qui s'occupe aussi de trouver une famille d'adoption aux survivants.

entretenant cette relation avec Laura. D'enfants, il n'est pas question ! Il l'a prévenue, si elle tombait enceinte, il lui faudrait avorter.

Mais il n'est pas seul à se montrer indifférent au spectacle de la vie. La mère de Laura, déçue par sa vie de couple, exige que sa fille se stabilise dans sa vie professionnelle avant de songer à devenir mère. « Pas avant 32 ou 34 ans ! » lui répète-t-elle chaque fois qu'elles ont l'occasion de parler de son avenir. Elle pense maintenant que les chiens du cauchemar sont peut-être ses propres enfants qui ne sont pas parvenus à se frayer un chemin jusqu'au monde des vivants... Et la violence que ces chiens subissent, le reflet de celle de son ami, de celle de sa mère à l'encontre de ses enfants rêvés qu'ils voudraient empêcher de naître.

Et d'ailleurs, elle y pense soudain : ses cauchemars sont apparus précisément depuis qu'elle est revenue vivre avec sa mère. N'est-ce pas d'être confrontée chaque jour à son opposition à ses désirs de grossesse ? Et la femme du rêve, l'horrible bourgeoise de l'ascenseur, n'est-ce pas sa mère, ou plutôt l'image de sa mère lorsqu'elle s'oppose à la vie ?

Donner la vie devient une pression de plus en plus insistante à la mesure de sa prise de conscience de l'inéluctabilité de la mort. Il y a un an, son grand-père s'en est allé, le seul homme qu'elle ait côtoyé durant son enfance. Elle l'aimait comme un père, un grand-père, un compagnon de jeu, un sage, aussi, qui savait l'écouter, la comprendre, la consoler, l'apaiser… Lui, pourtant, le plus vieux de la famille, était rayonnant de vitalité. Elle se souvient que c'est chez lui qu'est mort son vieux chien qu'elle aimait tant.

Je comprends alors la tonalité du rêve de Laura, la raison pour laquelle il s'agit d'un cauchemar. Il exprime un danger actuel. La part vivante de son monde est en train de disparaître. Son chien est mort, son grand-père aussi, les deux êtres qui la faisaient participer à l'amour du vivant. En toute logique, un vieux qui s'en va devrait laisser place à un enfant qui s'en vient. Mais ce n'est pas l'avis de son entourage proche, sa mère, son ami de cœur qui restent obsédés par des règles qu'elle ressent comme des étouffoirs. Je comprends que son cauchemar la prévient du risque d'accepter un monde sans ressort, inanimé… Il lui enjoint d'agir !

Laura ne rêve pas des morts ou de la mort ; son cauchemar met en scène de manière dramatique la disparition de la vie.

C'est pourquoi je lui dis :

Mon conseil

Vous avez besoin de vie, de mouvement, de découvertes, d'inattendu ! Vous êtes ainsi, chère

Laura, faite pour la vie ! On pourrait même dire : inconditionnelle de la vie ! Alors suivez le conseil que vous adresse votre rêve, adoptez un chien ! Il viendra bousculer l'apathie que votre entourage vous impose et vous aidera à assumer votre vitalité sans remords.

— IV —

Rêve est un autre

CHAPITRE 1

... Rêve-guide ...

Le rêve fait effraction dans notre nuit. Que nous le souhaitions, que nous l'appelions, que nous le redoutions ou que nous lui marquions cette indifférence distante qu'affectionnent les lettrés, il est toujours une surprise. Il profite de notre absence pour s'infiltrer. Il attend le moment, tapi au coin de notre âme, lorsque la paralysie du sommeil a fini de s'emparer de chacun de nos muscles – la plupart se reposent ; certains deviennent indépendants et tressaillent de leur propre fantaisie, un doigt, le bord d'une lèvre, comme les moustaches du chat dans son sommeil. Là, lorsque nous ne pouvons plus guère, lorsque tous les relais de notre conscience et de notre volonté se trouvent annihilés, le rêve s'impose à nous en une réalité nouvelle et inattendue.

Nous voyons le rêve alors que nous ne voyons plus ; nous courons dans le rêve alors que nous sommes paralysés ; nous touchons, nous embrassons, nous nous battons, nous nous emparons d'objets, alors que nous sommes incapables du moindre mouvement. La réalité du rêve est autre ; elle ne nous appartient plus, aucune maîtrise, aucune prévision, aucune grammaire préalable, comme si un tiers s'était emparé de nos sens.

Oui ! Rêve est un autre ! Ce n'est pas moi qui rêve, c'est lui, cet autre, qui m'impose une vision ; je suis seulement celui qui regarde. Et lorsque je tiens un rôle dans le scénario, je ne suis qu'acteur, emporté par le flot de l'action. Au réveil, Rêve s'échappe, laissant dans notre souvenir une énigme, une sensation, une humeur – quelquefois, par chance, un récit.

Si le jour nous rappelle à chaque instant notre esclavage, notre soumission aux lois de la nature et à celles de notre société, Rêve nous murmure des libertés inouïes, comme d'ignorer la pesanteur ou d'enjamber les frontières des mondes. Pour qui consent à sa radicale altérité, Rêve est une liberté qui sourd des interstices des mondes construits. Et si on écoute son message, il pourra se révéler un guide dans les chemins obscurs.

C'est très précisément cette tension entre soumission et liberté, entre révolte viscérale et besoin d'un guide, qu'illustre le rêve d'Océane que je vais maintenant rapporter.

Rêve 13

« On s'est introduit dans mon intérieur… »

Je fais ce même cauchemar depuis mon enfance. Je suis chez moi, parfois seule, parfois accompagnée de membres de ma famille. Et je sais qu'il y a ce même

être qui rôde. Cette fois, il s'est introduit dans la maison par une porte. Il est dans la place ; je sens sa présence… Un être horrible qui me recherche, mais que je ne vois pas. Je tente de me cacher en m'enfermant dans une pièce, en vain. Comme à chaque fois, je suis envahie par l'angoisse… Dans le rêve, je sais qu'une fois capturée, je n'aurai plus aucune chance de m'échapper. C'est alors qu'immanquablement je me réveille…
Je relie ce rêve à d'autres cauchemars que j'ai souvent faits par le passé, d'hommes autoritaires, de dictateurs violents qui gouvernent par la terreur, pour empêcher toute contestation.

OCÉANE, 21 ANS, ÉTUDIANTE EN LITTÉRATURE,
CLERMONT-FERRAND

C'est donc là un rêve qui se répète très souvent depuis l'enfance, parfois véritable cauchemar qui réveille Océane, terrorisée, parfois rêve d'angoisse. Chaque fois, elle en sort déstabilisée pour toute une journée. Eh bien, je suis persuadé que de tels rêves représentent, malgré leur apparence, une véritable richesse.

Lors de notre conversation, Océane m'a rapporté que deux changements importants étaient intervenus dans sa vie – de ces brutales transformations du cadre d'existence qui métamorphosent parfois la psychologie des enfants. Alors qu'elle était âgée de 4 ans, sa mère ayant dû travailler, ses parents l'ont confiée à une nourrice. Elle ne se souvient plus du lieu ni même de la femme qui l'a accueillie, seulement de son désaccord – qu'elle n'avait su exprimer –, plus même : de sa révolte ! Mais que pouvait-elle faire, elle, si jeune enfant ? Une première fois, il lui a fallu se soumettre. Elle sait qu'elle a alors brutalement changé d'humeur. En l'espace d'une quinzaine de jours, la fillette dynamique et joyeuse qu'elle était se transforma durablement en une grognon renfermée et triste.

Plus tard, à 8 ans, la famille a déménagé. À nouveau brutal changement, de cadre, de lieu, d'habitudes… et surtout changement d'école ! Voici Océane dans sa nouvelle classe, avec de nouveaux camarades, une nouvelle maîtresse… D'un seul coup, elle ne comprenait plus rien. La parole de l'enseignante, les jeux des autres enfants… rien ! À la lecture de bulletins catastrophiques, ses parents l'ont grondée, l'accusant de paresse, la privant de jeux, de sorties… Fâchés, ils devenaient autoritaires, à la mesure des souffrances que vivait Océane en classe.

En exhumant ensemble ces souvenirs d'enfance, nous avons compris que la figure du dictateur qui apparaissait dans ses premiers rêves d'angoisse, ce personnage qu'elle a comparé au Voldemort des romans de la série *Harry Potter*, était l'incarnation de l'intrusion dans son monde intérieur d'adultes qui entendaient prendre le contrôle de sa personnalité : la nourrice, sans doute, à 4 ans (quoiqu'elle en ait perdu le souvenir), ses parents, ensuite, à 8 ans. Elle en avait gardé, elle le reconnaît, une personnalité renfermée, sortant peu, évitant le contact, se concentrant exclusivement sur ses études. Elle s'est repliée sur elle-même pour se protéger des intrusions, mais ce mode de défense n'est pas sans conséquence : aujourd'hui, Océane souffre d'un cruel manque de confiance de soi.

Et lorsque nous nous sommes interrogés ensemble sur les événements qui ont déclenché la dernière apparition de ce rêve d'intrusion, elle a réalisé qu'il était survenu après une dispute avec des camarades de faculté. Elles étaient trois jeunes filles. Elles discutaient du film à la sortie de la séance de cinéma. Les deux autres ont cherché à lui imposer leur lecture de l'histoire. Elle s'est rebiffée. Elle était certaine d'avoir raison. Les autres ont insisté. Elle a tenu bon. Elles se sont disputées. Lorsqu'elles se sont séparées, elle était profondément triste. C'est durant la nuit qui a suivi qu'est revenu son rêve.

Si nous ne décodions pas encore son message, nous avons compris alors que le rêve venait la prévenir.

Quelqu'un cherche à entrer, à prendre le contrôle de ses opinions. Mais à y réfléchir, l'intrus se comporte comme le rêve qui, lui aussi, fait intrusion dans ses nuits. On devrait plutôt dire que le rêve mime l'intrus pour permettre à Océane d'affronter à l'avenir une situation semblable. Il lui fallait donc changer de position, accepter l'aide du rêve pour participer du monde sans se sentir envahie par les personnes.

C'est pourquoi je lui ai fait cette proposition :

Mon conseil

Chère Océane, considérez ce rêve comme un signal, un don qui vous permet de percevoir la volonté d'emprise de l'autre et qui vous rappelle que vous devez vous en préserver. Comment ? Non pas en vous renfermant mais en vous protégeant. Inscrivez le rêve sur un papier que vous enfouirez au fond de votre sac à main. Gardez-le près de vous comme une protection. Touchez-le du bout des doigts dès que vous vous sentirez manquer de confiance. Et quand vous aurez fini par oublier sa présence, c'est que votre relation au monde aura été pacifiée.

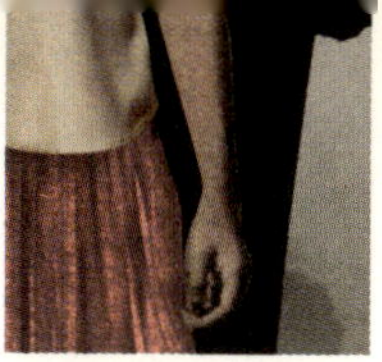

CHAPITRE 2

… Rêve trompeur …

Chacun a fait l'expérience de la fourberie du rêve. Il peut vous donner un sentiment de toute-puissance vite contredit par les nécessités du monde sensible. Dans *La Ruée vers l'or,* Charlot rêve d'un gigantesque poulet alors qu'en vérité il est si affamé qu'il tente de se nourrir du cuir de ses semelles. Je ne suis pas le premier à relever la plausibilité de ce rêve de cinéma, d'autant que les personnes qui ont vécu des moments de famine rapportent des rêves semblables.

Il faut savoir que les rêves de plaisir n'expriment pas la satisfaction et souvent laissent au réveil un sentiment de frustration. Ils sont, du reste, bien plus rares que ce que prétend la langue qui dit « C'est un rêve ! » pour signifier qu'un événement nous satisfait au-delà de nos espérances. Dans ce cas, la langue se trompe. Le rêve ne vient certes pas apporter du plaisir ou combler un désir. Il poursuit sa cohérence propre. Il convient de partir à sa recherche en suivant les différentes strates que nous présente le rêveur. Un rêve n'est pas destiné à donner du plaisir, c'est pourquoi il convient de se méfier des rêves où un besoin est satisfait, des rêves où l'on mange, par exemple, ou ceux où l'on boit, des rêves où l'on découvre un trésor, ou bien encore des rêves où l'on éprouve du plaisir sexuel[1]. Leur mécanique est bien plus complexe que l'évidence qu'ils présentent.

Inversement, les rêves d'angoisse ne sont pas nécessairement des cauchemars. Quelquefois, l'angoisse est « bonne conseillère », comme le trac qui met le comédien sous tension en prévision de la performance qu'il doit accomplir. Il faut savoir reconnaître ce type de rêves et prolonger leurs propositions par une « interprétation » qui incite le rêveur à passer à l'action.

Tel est le cas du rêve d'Isabelle que je présente maintenant, intense promesse de réalisations à venir.

Rêve 14

« Un homme surgit derrière mon dos »

Je suis dans une gare sombre et sale, je m'avance vers un passage qui mène aux quais et m'aperçois que les murs sont couverts de suie. Je recule, pensant que je ne pourrai passer par là. Alors je m'engage sur un autre quai, mais je me trouve aussitôt enveloppée d'un brouillard épais et inquiétant. Je continue à avancer néanmoins malgré la peur que j'éprouve.

1. Je reviens plus longuement sur ce type de rêves dans l'analyse de la figure de la sphinge dans l'Antiquité grecque, p. 25.

Pour me rassurer, je pense que j'ai ma lime à ongles pour me défendre. Mon angoisse monte encore d'un cran. Et, soudain, surgit un homme derrière mon dos, qui me colle la main sur la bouche pour m'empêcher de crier… Je me réveille en sursaut.

ISABELLE, 45 ANS, PUÉRICULTRICE,
RÉGION DE LILLE

Voilà le type même du rêve trompeur, dont les affects ne correspondent pas à la dynamique qui s'y déploie. À première vue, il semble mise en scène anxieuse, alors que s'y exprime tant la singularité de la rêveuse que la décision qu'elle a prise de la réaliser.

Chère Isabelle, qui m'a témoigné sa confiance en m'exposant une vieille question qui la préoccupe depuis son adolescence.

Comme toujours, il nous a fallu débuter par le détail qui dénote : la lime à ongles. Interpréter une bizarrerie apparaissant dans un rêve consiste à rechercher à quelle condition elle devient plausible. À la question : « Comment pourrait-on se défendre avec une lime à ongles ? », j'ai répondu : « Oui, c'est possible, à condition de considérer que la séduction est une arme. »

Isabelle s'est alors détendue et m'a expliqué combien elle prenait de plaisir lorsqu'elle percevait qu'un homme était attiré par elle ; combien elle aimait le jeu de la séduction. Sans cela, la vie lui paraît fade, inconsistante.

Après la naissance de ses deux enfants, une distance s'est peu à peu creusée avec son mari. Sans conflit, le désir s'était estompé, usé par l'habitude et les servitudes du quotidien. C'est alors qu'elle a engagé une relation avec un autre homme, qu'elle a « pris un amant », comme on dit si bien, « un homme qui aime », qui a su lui consacrer du temps, de l'écoute et lui témoigner sa tendresse. Cette relation était d'autant plus intense qu'elle était doublement secrète. Tout comme Isabelle, l'homme était marié, tous deux complices dans leur amour et dans l'aménagement de moments d'intimité. Et puis, comme dans les mauvais romans de gare, l'épouse de l'homme a découvert leur relation et l'a sommé de choisir. « C'est elle ou moi… », a-t-elle menacé. Il a espacé les rencontres, annulé les rendez-vous au dernier moment, commencé à mentir à sa maîtresse comme il mentait naguère à sa femme…

À ce moment de son récit, Isabelle comprend les images du début de son rêve. Le passage sombre qu'elle ne peut emprunter et le brouillard inquiétant sont tous deux, me dit-elle, des représentations de cet adultère qui virait au théâtre de boulevard. Elle ne pouvait poursuivre plus avant dans cette voie. Elle a donc fini par renoncer à sa relation avec l'homme que, progressivement, elle n'aimait plus.

Si elle est aujourd'hui débarrassée d'un tourment, elle éprouve chaque jour un manque. Son monde est tronqué. Elle a alors reconnu, chère Isabelle, qu'elle était ainsi, faite pour la multiplicité. Lorsqu'elles deviennent une habitude, les relations, les amitiés, tout comme les amours, finissent par l'ennuyer. Cette singularité se manifeste aussi dans son travail. Elle fait tout pour changer de poste. Toujours partante pour de nouvelles expériences, elle s'est portée volontaire pour mettre en place les nouveaux dispositifs imaginés par sa chef de service.

Je lui pose la question : « Mais alors, qui est cet homme qui surgit derrière votre dos ? » Elle ne réfléchit pas bien longtemps, comme si elle attendait ma question…

Il y a peu de temps, lors de son cours de danse, elle a senti que le professeur, qui se tenait derrière elle pour lui montrer un mouvement, n'était pas insensible à son charme. Elle en a elle-même été troublée mais s'est empressée de chasser cette idée, de peur de se « monter la tête ». Maintenant que nous en parlons, elle en est certaine, l'homme qui apparaît dans son rêve, c'est lui, son professeur de danse. Et la peur qu'elle éprouve à la fin de son rêve, l'expression du refus de ce type d'adultère sans lendemain dont elle a souffert avec son amant.

À ce point, le rêve diffuse un halo de pensées cohérentes à propos de deux idées qui semblent opposées : son intérêt avoué pour le multiple et son refus des relations sordides. Le rêve est donc le constat d'un acquis ; il marque le franchissement d'une étape – charge à l'interprète d'indiquer le pas suivant qui se profile.

Et voici ce que je lui ai proposé :

Mon conseil

Vous m'avez confié que vous écriviez de petits récits, que vous aviez rempli des dizaines de carnets et qu'on disait dans votre entourage que vous avez une « belle plume ». Permettez-moi un conseil : commencez l'écriture d'un roman, ce soir même ! Vous tenez la première scène, c'est celle du rêve, cet homme qui surgit derrière votre dos…

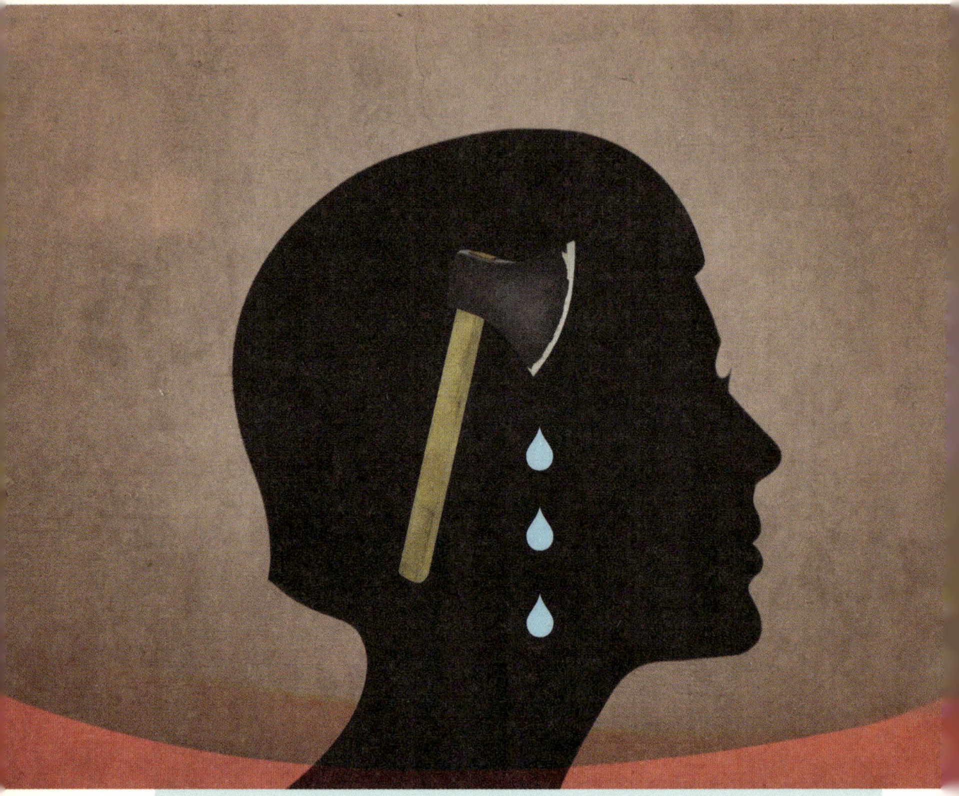

CHAPITRE 3

Rêve résolutoire

Il existe des rêves dans lesquels la personne dénoue un problème qui se posait à elle de très longue date. Peut-être faudrait-il dire plutôt des rêves *par lesquels* s'inscrit une solution. Car il me semble que, dans ce cas, le rêve fait bien plus que traduire une modification dans la pensée du rêveur, il l'induit, pour le moins, la fabrique, aussi, sans doute. Il en est à la fois la source et l'expression.

Ce phénomène d'eurêka en rêve est connu de longue date. On le sait, le mathématicien résout en rêve l'équation qui le hante depuis des années, le musicien entend la mélodie qu'il recherche pour sa symphonie, le peintre voit la composition de son tableau. Le cas le plus célèbre est celui d'une découverte scientifique, celle du chimiste allemand Friedrich August Kekulé von Stradonitz, qui eut l'intuition, en rêve, de la structure de la molécule du benzène. On en connaissait la formule (C_6H_6), mais on ne savait comment assembler les liaisons. Il ne l'a pas rêvée telle quelle, cependant, comme l'hexagone régulier que l'on connaît depuis, mais sous forme d'énigme. Son rêve mettait en scène un serpent se mordant la queue. On peut imaginer son trouble au réveil, son excitation les heures qui ont suivi, la fièvre, enfin, qui s'est emparée de lui, quand il a compris que ce serpent lui indiquait que la molécule avait une forme circulaire fermée, ce qui expliquait l'extraordinaire stabilité du benzène.

Un autre exemple tout aussi célèbre est le rêve d'Elias Howe, l'inventeur de la machine à coudre, qui a rêvé qu'il était captif d'indigènes qui exécutaient devant lui une danse en brandissant des lances percées d'un trou à leur extrémité. Par ce trou passait une corde reliant toutes les lances entre elles. Là aussi, le rêve fournit la réponse de manière énigmatique. On peut imaginer la perplexité de l'ingénieur avant de comprendre qu'à l'exemple des lances de son rêve, il fallait percer le chas à l'extrémité pointue de l'aiguille et non à l'autre, comme pour les aiguilles à coudre, dont la conception remonte à la préhistoire[1].

Ces exemples fameux viennent rappeler que le rêve ne fait pas qu'exprimer des pensées, des sensations et des sentiments qui lui préexistaient ; il ne se contente pas de traduire en images le panorama des réflexions

1. Ces deux exemples, que l'on retrouve dans la plupart des livres traitant des rêves, méritent d'être analysés de manière plus serrée. J'esquisse une analyse cognitive dans *La Nouvelle Interprétation des rêves*, *op. cit.*

du moment, il crée, aussi, il invente ! Il trouve la solution pour autant que l'ensemble du problème a longtemps été labouré dans les jours et dans les mois qui ont précédé.

Le rêve d'Évelyne que je présente ici en est une belle illustration.

Rêve 15

« Un homme va me décapiter… »

Je suis assise dans une pièce avec plusieurs personnes, comme une salle d'attente. Un homme s'approche de moi et me met une cagoule sur la tête. Je sais qu'il va me décapiter. Je pose ma tête sur la table. Lorsque je prends conscience que mes mains y sont également posées, je les retire vivement afin qu'elles ne soient pas coupées. Je suis calme, sereine… sans doute parce que je sais que la mort est un passage. L'homme me regarde. Puis, soudain, il laisse tomber sa hache et se met à genoux en pleurant. J'étais très détendue au réveil ; je me sentais plus légère…

ÉVELYNE, 55 ANS, ENSEIGNANTE DE YOGA

Rêve résolutoire, disais-je, immédiatement reconnu comme tel par la rêveuse, qui décrit l'apaisement qu'elle éprouve à son réveil.

Ce rêve est survenu à l'issue d'une longue crise conjugale. Il y a de cela cinq ans, le mari d'Évelyne, l'homme qu'elle aimait sans réserve depuis vingt ans, a brutalement changé de comportement. Pour expliquer cette métamorphose, elle pense aujourd'hui qu'il avait mal supporté d'entrer dans la soixantaine. Lui qui n'avait connu aucune aventure amoureuse, pas même avant son mariage, s'est soudain lancé en une compulsion sexuelle débridée, collectionnant les conquêtes, s'initiant aux amours sophistiquées, proposant même à son épouse de l'accompagner dans des clubs d'échangistes. Et, progressivement, il s'est détourné d'elle. Plus encore, lui qui était doux et aimant, s'est mis à la détester, à lui chercher querelle, à l'injurier. La séparation, puis la procédure de divorce ont été très pénibles, avec leur lot de contentieux financiers, de règlements de comptes et leur charge d'agressivité. Elle vient juste d'en sortir, pauvre Évelyne, enfin divorcée, presque apaisée... Et voilà que survient ce rêve. À y réfléchir, elle est certaine qu'il contient la résolution de son problème conjugal mais, tout comme Kekulé et Elias Howe, elle ne sait par quels chemins il y mène.

Là encore, nous commençons par la bizarrerie du rêve : la décapitation à la hache. Elle évoque à

Évelyne ces images que nous avons tellement vues ces derniers temps à la télévision, de victimes innocentes, la tête recouverte d'une cagoule, avant d'être décapitées par des terroristes sans pitié. Mais il y a une différence ! Évelyne accepte son sort. C'est qu'il ne s'agit peut-être pas d'une décapitation proprement dite, mais de quelque chose d'autre que l'on pourrait exprimer par l'expression « perdre la tête ». C'est alors qu'elle comprend que la longue épreuve de cinq ans qu'elle vient de traverser lui a permis d'abandonner une sorte de raideur mentale. Si Évelyne est une femme dynamique, elle reconnaît sa rigidité – « un peu trop autoritaire », dit-elle, manquant de cette douceur que l'on dit « féminine ». Elle accepte donc, dans son rêve, de « perdre la tête », d'abandonner *sa passion du contrôle*, mais elle préserve ses mains, *sa capacité à agir*.

Mais cette interprétation me semble trop intellectuelle, pas suffisamment assise dans le corps et l'histoire d'Évelyne. Je reviens à la décapitation en lui faisant remarquer qu'il s'agit d'un rêve de martyre. Elle a beau se présenter comme une intellectuelle seulement préoccupée de concepts, les images de son rêve évoquent des pensées plus religieuses, celles des premiers chrétiens s'avançant, volontaires, dans l'arène. C'est alors qu'il lui est revenu un souvenir. Ce n'est pas qu'elle l'avait oublié, mais, pour elle, il ne faisait pas partie des éléments du rêve. Lorsqu'elle était une enfant, sa mère, bipolaire, s'enflammait régulièrement en crises de délire mystique. Je sais l'impression terrible que laisse aux enfants la métamorphose soudaine d'un adulte pris de manie. J'en ai rencontré quelques-uns durant ma carrière, de ces enfants terrifiés comme s'ils s'étaient retrouvés nez à nez avec le diable. Et lors d'une de ces crises, tout en invoquant le Christ, la mère d'Évelyne avait tenté de tuer sa fille avec un couteau. Ce souvenir est étrange. Elle était si jeune, peut-être âgée de 3 ou de 4 ans. Elle ne saurait dire aujourd'hui s'il s'agit d'un véritable souvenir ou du récit rapporté par son père.

Je me sens maintenant plus apaisé, avec l'impression d'accoster une terre ferme. Ce premier épisode, où la personne qu'elle aime plus que tout se retourne brutalement et de manière incompréhensible contre elle, fait écho au second, celui de son mari qui se transforme en un prosélyte sexuel à l'âge de 60 ans. Dans les deux cas, elle est soumise aux singularités mentales d'un tiers, qui exhibe la face cachée de sa personnalité. On peut penser que cette raideur dont elle se plaint était jusqu'alors une tentative de contrôler l'imprévisibilité de son environnement. C'est à cela qu'elle vient de renoncer par son rêve. Et c'est la raison pour laquelle elle éprouve ce soulagement au réveil. Reste à savoir comment permettre à cette résolution de s'accomplir dans la vie réelle.

Et voici l'idée que j'ai eue et que je lui ai soumise :

Mon conseil

Permettez-moi un conseil, chère Évelyne. Puisque vous avez surmonté cette terreur qui structurait votre caractère depuis l'enfance, il vous faut maintenant inscrire cette accession dans la réalité de votre vie. Je sais que vous excellez dans votre métier. Il est temps de prendre des disciples ! De praticienne, vous allez devenir professeur. Aujourd'hui, il vous faut transmettre, former d'autres praticiens. Vous pouvez désormais devenir ce qu'on appelle « un maître ».

POSTAL

CHAPITRE 4

... Rêve conditionnel ...

Guerrier avancé de notre lutte quotidienne contre la nuit et la mort, le rêve est avant tout un créateur. Il l'est à plusieurs titres : créateur de récits, assembleur d'éléments de pensée, inventeur de solutions. Reste à l'interprète la part que le rêve ne sait réaliser : l'accomplissement dans le monde réel.

Le rêve est toujours créateur, disais-je, d'une réalité virtuelle inattendue qui, quelquefois, parvient à se constituer en récit cohérent. Plus il est cohérent, plus le rêveur est capable de l'évoquer au réveil. Le rêve étant offert aux perceptions du rêveur comme une réalité objective, l'interprète devra nécessairement revenir dans ses conclusions à cette réalité onirique fabriquée.

Le rêve est toujours assembleur d'éléments de pensée disjoints qu'il réunit en une configuration nouvelle. Seulement perceptibles au cours de l'analyse, ces pensées ne se livrent que dans une discussion avec le rêveur. Il faut conserver à l'esprit qu'elles constituent le matériau indispensable au travail d'interprétation.

La machinerie onirique est tout orientée vers la recherche de solutions et, souvent, le rêve y parvient. Mais la solution du rêve n'est pas toujours explicite. Elle se cache parfois dans sa construction ou dans les mécanismes auxquels recourt la pensée onirique. Si les deux premières étapes de l'interprétation (récit et pensées) peuvent être codifiées, la troisième, l'identification de la solution proposée par le rêve, relève plus de l'art que de la science. Elle est personnelle à l'onirocrite, le spécifie et l'engage. On reconnaîtra néanmoins qu'il s'agit d'une solution possible, si on peut la résumer en un concept. À qui interprète un rêve, voici mon conseil : avant de délivrer votre interprétation, réfléchissez un moment et demandez-vous si votre proposition contient bien une idée nouvelle.

Une fois qu'il nous semble avoir saisi quelque chose d'un rêve, nous voilà avec un récit, des éléments de pensée et une solution possible à un problème que se pose le rêveur. Mais on ne peut s'arrêter là. Le destin d'un rêve est de s'accomplir dans le monde réel. C'est pourquoi la solution mise au jour devra nécessairement déboucher sur un conseil pratique. Aucune interprétation ne peut se satisfaire d'un simple constat.

Pour le rêve de Sylvie que je vais présenter maintenant, le concept qui résume la solution proposée par le rêve est celui de conditionnalité, de la forme : « Si tu fais ceci, il t'arrivera cela. » Et là aussi, malgré le caractère théorique de la solution, on se doit de proposer une action.

Rêve 16

« Locataire d'un appartement que je n'habite pas… »

Je me rends compte que, depuis bientôt un an, je paie le loyer d'un appartement dans lequel je ne vis pas. Comme le montant du loyer est prélevé mensuellement, je n'y pense pas et ne parviens jamais à résilier le bail. Et lorsque je veux m'y rendre, je ne me souviens plus de l'adresse. S'il m'arrive de retrouver malgré tout cet appartement sinistre, mal situé, sale, je découvre que la boîte aux lettres déborde de factures. Et je me réveille en étant soulagée : ouf ! ce n'était là qu'un rêve…

SYLVIE, 43 ANS, CHEF DE BUREAU,
PAS-DE-CALAIS

C'est la phrase de la fin qui attire mon attention. Le soulagement au constat que « ce n'était qu'un rêve » fait partie du rêve ! C'est par là que je comprends qu'il s'agit d'un « rêve conditionnel », qui vient prévenir Sylvie qu'elle fait un mauvais choix. « Si tu persistes dans cette attitude, dit le rêve, tu ne récolteras que des désagréments. » Mais l'avenir reste ouvert. C'est la raison pour laquelle le réveil qui suit un tel rêve apporte un soulagement. « Si tu ouvres les yeux, si tu te décides à agir, tes soucis s'évanouiront », comme l'inquiétude du rêve se dissipe au réveil.

Cependant, si nous avons identifié le raisonnement, nous ignorons encore le problème auquel le rêve tente de trouver une solution. Comme chaque fois, il faudra partir de la bizarrerie du rêve, de ce détail qui dénote. Qu'est-ce donc que cet appartement dont elle serait locataire à son insu ? Peut-être bien qu'il s'agit de son propre foyer qu'elle ne parvient pas à habiter…

Répondant à mon questionnement, elle me raconte qu'elle est restée mariée une quinzaine d'années avec un homme qu'elle n'aimait pas. Un beau jour – ce type de prise de conscience est souvent brutal ! –, elle a réalisé qu'elle n'était pas heureuse ; que la relation avec son mari n'était faite que d'obligations, de routine et d'ennui. Elle l'a prévenu ; elle l'a coincé « entre quatre-z-yeux », comme on dit et lui a annoncé que si cela devait perdurer, elle le quitterait ; qu'elle partirait voir ailleurs. Il a fait un effort, quelques jours, une semaine ou deux, peut-être… Il a parlé davantage, accepté un dîner au restaurant, une sortie au cinéma… Puis « le naturel est revenu au galop ». Alors, elle a divorcé.

Voilà un an, elle a noué une relation avec un homme qui lui convenait mieux, plus attentionné, plus tendre, plus sensuel, aussi. Mais il habitait loin, à une centaine de kilomètres de sa ville et ne voulait pas entendre parler de déménagement. Du coup, ils ne se retrouvaient que durant les week-ends. Dans de telles conditions, il était évidemment impossible de fonder un foyer. Une nouvelle fois, elle a mis fin à la relation.

Nous avons discuté. Le malaise qu'elle a éprouvé avec les deux hommes avec qui elle a partagé un moment de vie était difficile à définir. Une sorte d'irréalité, de légèreté existentielle, comme si « ce n'était pas pour de vrai »… Elle réfléchissait, Sylvie, je sentais son esprit s'agiter. Après tout, que reprochait-elle à son mari ? Elle ne le lui avait jamais avoué. C'est maintenant qu'elle se le formule clairement. Elle lui reprochait de ne pas avoir réalisé la profonde tristesse dans laquelle l'avait plongée la mort de sa grand-mère paternelle. C'est étrange. Elle en avait un peu honte. Elle n'était pas une enfant et pourtant…

Et moi qui demande qui était cette grand-mère qu'elle aimait à ce point.

Sylvie me raconte alors que ses parents ne l'ont jamais « vue »… Elle veut dire qu'ils n'ont jamais réalisé son existence, surtout préoccupés par leurs permanentes disputes. Sa grand-mère était la seule personne qui l'aimait d'un amour authentique. Et elle le lui rendait bien, du reste. Sa mort l'a laissée effondrée. Depuis sa disparition, le monde n'est plus le même, comment dire ? plus tout à fait habité, plus tout à fait vivant.

Chère Sylvie, si vive, si rapide. C'est elle-même qui énonce cette vérité : depuis que sa grand-mère a déserté le monde, la vie avec un homme est comme un appartement qu'on n'habiterait pas… C'est bizarre ? me demande-t-elle.

Selon moi, la pensée traitée par le rêve n'est pas bizarre, mais complexe. La disparition de sa grand-mère rend la vie affective de Sylvie impossible à moins que… On peut comprendre maintenant la proposition du rêve : si elle persiste à fonder un foyer sans récupérer le sentiment d'exister qui tirait sa force de cette relation avec sa grand-mère, elle connaîtra un nouvel échec. Voilà ce qu'énonce le rêve.

Que faire alors ? C'est à cet endroit que le travail de l'interprète est essentiel. Il consiste à prolonger le rêve, à lui permettre de s'accomplir. C'est pourquoi je lui ai répondu :

Mon conseil

Que faire ?… Mais parler à votre grand-mère ! Non pas que je pense que les morts écoutent les vivants, mais seulement que les vivants doivent exprimer leur amour aux disparus. Et à haute voix !

Elle a immédiatement été d'accord.

Mon conseil

Si vous êtes d'accord avec cette idée, vous devrez vous rendre au cimetière, sur la tombe de votre grand-mère, et vous lui demanderez, à haute voix, d'intercéder pour vous. Je suis certain que l'homme que vous rencontrerez après cela vous apportera votre part de bonheur.

CHAPITRE 5

Rêve inversé

Dès les premières clefs des songes[1], on proposait d'interpréter la mort vue en rêve comme présage d'une naissance, le divorce comme présage d'un mariage ou encore la relation sexuelle avec une femme comme présage d'une mort prochaine. Car le mécanisme d'inversion entretient une parenté millénaire avec l'interprétation des rêves. Popularisée par *La Clef des songes* d'Artémidore (IIe siècle), l'interprétation par inversion se retrouve chez les auteurs arabes comme Muhammad Ibn Sîrîn (VIIIe siècle), chez les penseurs mystiques du Moyen Âge des XIIe et XIIIe siècles et jusqu'à Freud, qui en fera l'un des procédés privilégiés de lecture des rêves et des symptômes sous le nom de « renversement en son contraire[2] ».

1. Rappelons que la première clef des songes dont on dispose date du IIe millénaire avant J.-C. Elle se trouve dans l'ensemble de tablettes connu sous le nom de « bibliothèque d'Assurbanipal ». Les plus anciennes clefs des songes provenant d'Inde datent du Ve siècle avant J.-C. Et il ne faut pas oublier que le modèle de toutes les clefs des songes, toujours pillé, jamais égalé, reste *L'Onirocriticon* d'Artémidore de Daldis, auteur grec du IIe siècle après J.-C.
2. Artémidore de Daldis, *La Clef des songes* (*Onirocriticon*), traduit en français et annoté par A. J. Festugière, Paris, Vrin, 1975 ; Muhammad Ibn Sîrîn, *Le Grand*

Mais il convient de préciser que ces traditions s'organisent selon la logique du soupçon : le rêve nous tromperait, nous mentirait (« tout songe est mensonge »), le rêve tenterait de dissimuler le message qu'il nous destine. Pas de dissimulation, en revanche, ni de tromperie, dans l'appréhension des rêves chez les Indiens d'Amérique, où l'attention est portée sur le parcours (le voyage) auquel invite le rêve et sur les êtres (les animaux, les spectres et les divinités) que l'on peut y croiser. Alors, faisons l'Indien ! Je propose de comprendre l'inversion mise en œuvre par le rêve sans postuler d'intention perverse au rêve – sans chercher à dévoiler un sens caché derrière le sens apparent. Acceptons le rêve tel qu'il se présente et les mécanismes qui s'y déploient comme des propositions.

Dans celui d'Atika que je vais relater maintenant, l'inversion, qui saute aux yeux dès les premières images, doit être considérée comme l'un des éléments du rêve, aussi important que le récit et les pensées qu'il fédère. C'est pourquoi il nous faudra nécessairement la retrouver au moment des propositions finales. Avant cela, cependant, nous ne pouvons faire l'économie de l'appréhension de l'environnement du rêveur ni du recueil de sa parole et de ses pensées intimes.

Livre de l'interprétation des rêves, Beyrouth, Éditions Al-Bouraq, 1993 ; Sigmund Freud, *L'Interprétation des rêves* (1899), Paris, PUF, 1976.

Rêve 17
« J'abandonne ma place à ma rivale… »

Je suis dans l'appartement où je vivais avec mon ex-compagnon, François. Il est parti rejoindre sa nouvelle petite amie et je l'attends entre la chambre et la salle à manger. Soudain, mon chat se met à vomir et c'est au moment de nettoyer ses déjections que j'ai l'intuition que François a dissimulé quelque chose. J'ouvre l'armoire et constate la présence d'un appareil enregistreur. Je me dis qu'il ne me fait pas confiance. Lorsqu'il rentre, heureux de la soirée qu'il a passée avec sa nouvelle amie, il me fait comprendre que je dois rapidement quitter l'appartement afin qu'elle puisse venir s'y installer.

ATIKA, 45 ANS, FONCTIONNAIRE, COLMAR

Voilà donc bien un « rêve inversé ». Atika s'en étonne dès les premiers mots de notre conversation. Car, en réalité, François ne l'a pas quittée. C'est elle qui est partie. Plus encore, la tonalité d'ensemble du rêve lui semble également inversée. Elle ne nourrit aucune idée de rupture, ne souffre ni de manque ni de nostalgie. S'il est une préoccupation qui envahit sa pensée, c'est plutôt celle d'arriver quelque part… Trouver enfin sa place, voilà la question qui l'habite ; plus exactement dénicher un semblable avec lequel partager un monde commun – l'amour, les idées religieuses, les principes de vie. Une rencontre récente a relancé cette interrogation de toujours. Elle se demande si l'homme avec qui elle vient de débuter une relation sera enfin ce « semblable » qu'elle recherche désespérément.

De mère bretonne et de père algérien, elle pourrait être qualifiée de « métisse ». Il ne s'agit bien sûr pas ici de biologie mais de connaissance des mondes. Atika est familière des deux. Ayant passé une grande partie de sa jeunesse en Algérie, avant de rejoindre la France à l'âge adulte, elle parle parfaitement les deux langues. Elle n'éprouve aucune difficulté à circuler dans l'un ou l'autre monde, maîtrisant les codes et les habitudes de chacun. Deux registres lui posent problème néanmoins : l'amour et la religion.

En matière de croyance religieuse, elle ne sait pas où se situer, laquelle choisir… S'agit-il vraiment de choisir ? Le christianisme de sa mère, m'avoue-t-elle, ne l'a jamais attirée, pas plus que l'islam de son père. Alors, elle a tenté un moment une troisième voie. Suivant une mode répandue dans son milieu, elle s'est engagée dans le chamanisme. Quoique ne partageant pas les croyances indiennes qu'elle connaît mal, elle a tout de même expérimenté l'ayahuasca, le breuvage hallucinogène des chamanes indiens[1]. Et elle a vomi, beaucoup vomi… comme le chat du rêve. Et lorsque, sur mon invitation, elle réfléchit sur la présence de ce chat, elle me répond qu'il traduit sa position actuelle. Aujourd'hui, en matière de religion, elle préfère les chats aux dieux et aux substances. Ayant renoncé aux divinités monothéistes de son enfance, abandonné les théories chamaniques, elle s'est progressivement constitué sa propre religion, faite avant tout de respect pour les animaux.

En matière d'amour, elle a le sentiment d'avoir tout essayé : des hommes algériens, comme son père – elle les a trouvés trop rigides ! –, des Bretons, comme sa mère – décidément trop tendres, trop soumis à sa volonté… François en était une parfaite illustration. Il était à ses pieds, en adoration, constamment à l'écoute de son moindre désir… Il l'était trop, au point qu'à la fin elle se sentait envahie, espionnée. Elle ne le supportait plus. C'est sans doute le motif de la présence du magnétophone du rêve qui vient lui rappeler le poids de la présence permanente de François.

La question qu'exprime le rêve d'Atika, le problème très ancien qu'elle tente une fois de plus de résoudre,

1. L'ayahuasca est une décoction de plantes dont la principale est une liane dont le nom savant est *Banisteriopsis caapi*, mais aussi de feuilles, notamment d'un arbuste, *Psychotria viridis*. Son absorption déclenche plusieurs effets, physiques, mentaux et émotionnels. Elle fait vomir, elle provoque des hallucinations colorées et surtout une très grande frayeur. Pour les Indiens d'Amazonie qui en font usage depuis plusieurs milliers d'années, cette plante permet d'entrer en contact avec les « propriétaires » des êtres de la forêt.

est bien celui de la nature de son être : bretonne ou algérienne ? Elle pourrait répondre : « Les deux ! » ou bien : « Ni l'une ni l'autre »... Mais le rêve semble lui suggérer que les « métis » ont une seconde chance de se définir, *dans et par la rencontre amoureuse*. Ayant découvert son « semblable », elle sera « comme lui », de même nature, si on veut.

Mais il reste un problème qu'elle ne sait pas résoudre. Si elle part d'un côté, elle se sent en dette vis-à-vis de l'autre. L'ami qu'elle vient de rencontrer n'est pas breton, mais normand (« C'est presque la même chose », me dit-elle). Je sais qu'elle a besoin de sortir de cette hésitation qui la paralyse depuis sa première rencontre amoureuse.

Voici la proposition que je lui ai faite, où j'ai tenté de résoudre la question posée, tout en utilisant le mécanisme fourni par le rêve, à savoir l'inversion.

Mon conseil

Chère Atika, si vive, si joyeuse, permettez-moi un conseil. Pour stopper l'hésitation perpétuelle dans laquelle vous vous débattez, il vous faut dédommager l'une des parties. Lorsqu'on est métis, si on part du côté du père, il faut offrir une compensation au monde de sa mère. Votre père est aujourd'hui décédé. Alors, offrez un bijou à votre mère, sans lui fournir d'explication, comme ça, juste pour le plaisir. Il doit être en or – l'aune à laquelle on mesure depuis toujours la valeur d'un être humain. Vous verrez ! Après cela s'ouvriront les portes contre lesquelles vous vous cognez depuis si longtemps.

Elle m'a, bien sûr, opposé que si elle s'installait avec cet homme qu'elle venait de rencontrer, c'était son père qu'il fallait dédommager et non sa mère. Et moi de lui préciser que le rêve indiquait qu'il fallait procéder par inversion…

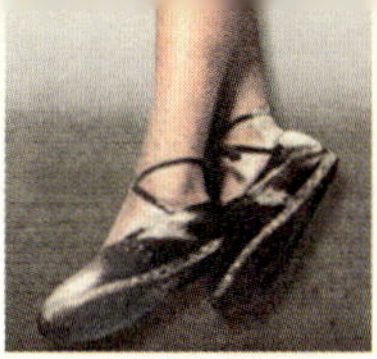

CHAPITRE 6

... Rêve toxique ...

Même si, en la matière, la classification n'a pas grande utilité, il est clair qu'il existe plusieurs espèces de rêves. Une catégorie de rêves se distingue cependant de toutes les autres, celle des rêves que j'appellerai « toxiques » – ces rêves après lesquels s'installe un mal-être, une angoisse durable, une douleur morale ou un sentiment dépressif.

Depuis Hippocrate et Aristote, les commentateurs du rêve se disputent pour savoir si ces rêves traduisent un désordre existant préalablement et dont ils auraient eu une connaissance intuitive, « de l'intérieur », pour ainsi dire, ou s'ils le provoquent[1].

On reconnaît les rêves toxiques à un caractère qui ne trompe pas. Ils contiennent très peu d'images ou d'élaborations inédites. Ils ressemblent beaucoup trop au monde réel, qu'ils se contentent de reproduire – parfois même à l'identique. Ils semblent fonctionner à

1. Voir par exemple l'étude de Georges Devereux « Rêves pathogènes dans les sociétés non occidentales », *in Essais d'ethnopsychiatrie générale,* Paris, Gallimard, 1970.

l'inverse de la dynamique habituelle du rêve qui est de transfigurer la réalité du sensible.

Les interprètes de l'Antiquité connaissaient l'existence de tels rêves toxiques, qui conseillaient au rêveur de s'en délivrer par un acte de purification. Les Grecs préconisaient de partir en pleine nature et de les raconter au soleil, un peu comme s'il fallait les « sécher », se débarrasser de leurs miasmes qui continuaient à coller à la peau. Dans le monde musulman du Moyen Âge, on préférait les dissoudre dans l'eau courante en les racontant à pleine voix devant une rivière ou, mieux encore, au jaillissement d'une source.

Les neurologues d'aujourd'hui ont retrouvé cette notion de rêve toxique en constatant que certaines dépressions de type mélancolique ne cédaient qu'à une famille de psychotropes (les IMAO) ou aux électrochocs – deux thérapeutiques qui ont aussi pour conséquence la disparition transitoire du sommeil paradoxal et avec lui de l'essentiel des rêves de la nuit[1]. Les IMAO et les électrochocs agissent-ils par leur action chimique spécifique ou par la suppression de rêves que l'on doit alors considérer comme toxiques ?

Que faire lorsqu'on se trouve en présence d'un rêve toxique ? Doit-on l'interpréter de la même manière que

1. Voir pour plus d'explications Michel Jouvet, *Le Sommeil et les Rêves*, Paris, Odile Jacob, 1992 ; et, pour une mise à jour plus récente, la somme de Claude Debru, *Neurophilosophie du rêve,* Paris, Hermann, 2005.

les autres types de rêves ? Le rêve de Christelle, que je rapporte maintenant, fournit une parfaite illustration tant de ce type de rêves que des interprétations qu'il appelle.

Rêve 18

« J'aperçois mon ex avec une femme aux cheveux courts... »

Je me trouve dans un grand lit avec ma mère. Je ne la vois pas mais je sais que c'est elle. Nous sommes adossées contre la tête de lit. Devant nous, une grande baie vitrée à travers laquelle j'aperçois, en contrebas, un autre lit. Et là, c'est mon ex-mari avec une femme aux cheveux courts. Ils rient. Je me dis : « Tiens, ce n'est pas la même fille que celle avec laquelle je l'ai aperçu dans la rue, il y a cinq mois... » Autour d'eux, il y a des gens qui vont et viennent. C'est assez lumineux et animé. C'est alors que je me réveille.

CHRISTELLE, 46 ANS, TOULOUSE

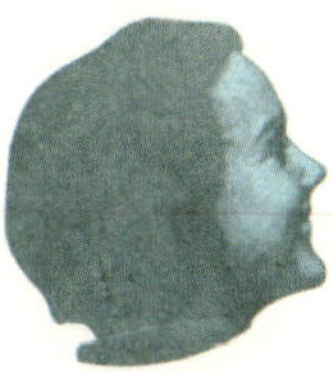

Après ce rêve, qui est venu « remuer le couteau dans la plaie », les humeurs noires de Christelle sont réapparues. Ce rêve est manifestement « toxique », mais, si on veut le traiter, en extraire des solutions, il nous faut, comme dans les autres cas, trouver avec la rêveuse les pensées qu'il a brassées, nommer précisément la douleur qu'il met en scène et proposer pour finir une action dans la vie réelle.

Christelle a commencé par me dire combien ce rêve l'avait agacée, puis inquiétée et finalement attristée. Car il contient un détail clairement emprunté à la réalité. Il y a cinq mois, en effet, elle a aperçu son ex-mari se promenant dans la rue avec une femme. Ils étaient de dos et avançaient ensemble, main dans la main. Ils semblaient heureux. Elle s'est bien gardée de manifester sa présence. Elle est rentrée chez elle, ruminant sa fureur. Elle n'était pas tant jalouse – elle l'était, bien sûr ! – que furieuse du contraste entre le visage qu'il lui présentait lorsqu'il s'adressait à elle et l'insouciance qu'il affichait au bras de sa nouvelle amie. Alors qu'il la harcelait au téléphone de messages insultants, alors qu'il discutait âprement la restitution du moindre centime qu'il lui devait pourtant, alors qu'il se présentait comme un être abandonné, isolé, sans ressources… il roucoulait en vérité avec sa belle. Pour elle la noirceur et le drame, pour l'autre la tendresse et la joie ! Tout lui est remonté alors, comme une aigreur d'estomac.

C'est donc là que réside la toxicité du rêve, dans la répétition à l'identique d'une amertume quotidienne. Car si le malheur de la vie se trouve répété en rêve, c'est que l'on ne peut y échapper, qu'il ne nous reste plus aucune issue, sinon le désespoir…

Elle n'a jamais compris pourquoi ils se sont séparés après dix-sept ans de mariage. Ce n'est bien évidemment pas arrivé en un jour. Elle a d'abord constaté qu'il avait changé. Sa transformation n'a pas été soudaine, mais s'est installée lentement, presque imperceptiblement. Il ne l'embrassait plus, ne lui adressait plus jamais une parole tendre, distillait sans cesse des remarques venimeuses. Et puis il s'est mis à parler de séparation, et même de divorce. Manifestement, il ne l'aimait plus et n'osait pas le lui dire. Un jour, elle a explosé, le sommant de s'expliquer. Qu'y avait-il ? Que lui reprochait-il ? La tension est montée. Et les injures, les noms d'oiseaux de pleuvoir… N'en pouvant plus, elle lui a demandé de partir. Comme s'il guettait ce moment, il a aussitôt fait sa valise.

Les deux jours qui ont suivi son départ, Christelle est restée prostrée, fracassée. Quelques semaines plus tard, sur les conseils d'amis, elle a accepté de consulter un psychiatre. Elle a connu les antidépresseurs, les multiples séances de psychothérapie… Cinq ans plus tard, elle commençait juste à surnager. C'est alors qu'elle l'a aperçu, plastronnant avec sa dulcinée. Et tout est revenu ! L'incompréhension, la colère devant la trahison et la fourberie… La tristesse, aussi ! Et voilà que son rêve l'y replonge. Il contient la même sensation d'amertume que dans la vie. Elle y aperçoit son ex-mari heureux avec cette femme, et cette lumière, et l'agitation du monde qui l'entoure… alors qu'elle reste là, en souffrance, dans un lit, auprès de sa mère.

Sa mère, précisément, cette femme qu'elle a tant critiquée pour avoir supporté sans réagir les humiliations que lui faisait subir son mari, le père de Christelle… Elles sont dans le même lit, toutes les deux réduites à la même tristesse, « dans de beaux draps », si on peut dire… Elle ne supporte pas l'idée d'être comme elle, comme sa mère.

Elle revient en arrière, ressasse le passé. Avec son ex-mari, ils avaient une bonne vie, pourtant : le même métier, qui leur plaisait, la même philosophie d'existence, le même intérêt pour les sorties, les voyages. Qu'est-ce qui lui a pris ? Ils ont eu trois enfants qui poussaient tout seuls, qui réussissaient leurs études… Que s'est-il passé ? Et la voici qui revient sur les petits détails qui auraient dû lui mettre la puce à l'oreille, en une rumination sans fin.

Christelle ne comprend pas qu'elle n'a pas compris.

Le rêve de Christelle, par sa toxicité même, s'il reproduit à l'identique l'ambiance, l'amertume des disputes qui datent de plus de cinq ans, vient néanmoins l'avertir qu'il faut changer radicalement de position. Non pas oublier – on ne se mutile pas d'une part de son existence – mais devenir autre. Et lorsqu'une métamorphose s'annonce, on ne sait où l'on va, on ne connaît pas l'être qui va apparaître maintenant. Il est seulement possible de préparer sa venue en se débarrassant des oripeaux du vieil être.

C'est pourquoi je lui ai donné le conseil suivant :

Mon conseil

Savez-vous que jusqu'à tout récemment, dans les villages de votre région, on purifiait les sources en demandant à une jeune fille qu'aucun homme n'avait approchée d'y descendre nue pour en extraire les branches et les broussailles ?
Alors vous, chère Christelle, qui allez commencer une nouvelle vie, partez à la recherche d'une telle source, plongez-y la nuit, pour vous purifier de ces pensées obsessionnelles qui vous souillent.

L'idée l'a séduite…

CHAPITRE 7

… Rêve d'hésitation …

Si la vocation du rêve est de trouver une solution à un problème qui perturbe l'âme du rêveur, sa mécanique est d'en chercher. Pour ce faire, le rêve brasse, agence, propose, recommence, inlassable machine à démonter, à fragmenter. Il cale son fonctionnement sur les rythmes biologiques, les pulsations, les respirs et les soupirs, les regards étonnés, les impulsions et les érections. Au final, il propose un récit avec une certaine cohérence – non parce qu'il a terminé son travail, simplement parce qu'il était temps de repartir. Il reviendra 90 minutes plus tard ou la nuit suivante, reprenant sans cesse le même ouvrage. Il n'est pas dans la nature du rêve de conclure.

Alors, rêve et hésitation sont presque synonymes. C'est sans doute ce qui s'est inscrit dans l'étymologie (discutée) du mot en français. La langue française est la seule parmi les langues latines à ne pas avoir adopté pour désigner le rêve un mot dérivant du latin *somnium* (« sommeil »), comme l'italien *sogno* ou l'espagnol *sueño* ; et pas davantage un mot renvoyant à l'extase ou à la possession comme l'anglais *dream* ou l'allemand *traum*. Au Moyen Âge, le mot « rêver » (ou « resver ») signifiait « divaguer », au sens physique, « aller de-ci et de-là », « errer » – et même « papillonner », courir de fille en fille. Certaines sources font dériver le mot de la racine latine *rabies*, « rage », cette terrible atteinte neurologique qui fait divaguer les chiens au point qu'ils confondent les maîtres et les proies – Dieu seul connaît les délires et les hallucinations qui envahissent alors le cerveau des chiens.

Le français a choisi un mot qui décrit ce fonctionnement typique du rêve, qui est de tâtonner, d'essayer à droite, d'essayer à gauche. Et cette errance du rêve appelle structurellement l'interprétation, la parole qui délivre de l'errance, qui oriente vers l'action.

Voici donc un rêve… rêve ! Je veux dire qui ne sait conclure, qui appelle l'interprète. Tel est le rêve de Florence, qui est aussi un rêve savant.

Rêve 19

« Je mange l'araignée et je sens dans la bouche un goût amer »

Je suis dans une pièce de ma maison et j'aperçois une énorme araignée noire. Je pousse un cri. Il faut dire que j'ai peur des araignées. J'appelle mon mari pour qu'il vienne m'en débarrasser. Le voilà qui l'écrase, puis il me la présente dans le creux de sa main et me dit : « Tiens, mange-la ! » Et moi, je m'exécute ; je la mange. Et je sens un goût amer dans ma bouche.

FLORENCE, 50 ANS, ÉCRIVAINE, ARCACHON

Florence me précise qu'elle a peur des araignées, mais ajoute aussitôt que ces animaux l'intéressent beaucoup. Elle les connaît pour les avoir longuement observées durant son enfance. Quelquefois, elle déposait des mouches sur leur toile, guettant la façon dont elles allaient s'en saisir. Elle pourrait mimer leurs mouvements, leurs hésitations, comme si elles boitaient en marchant. Les araignées lui répugnent, c'est certain, mais elles la fascinent, aussi. Et lorsque je lui demande d'expliquer leur apparition dans son rêve, plusieurs idées se présentent à son esprit.

L'araignée, me répond-elle d'abord, c'est la valeureuse chasseresse. Car Florence n'ignore pas que, s'il existe les espèces fileuses, on peut aussi rencontrer des coureuses qui capturent leurs proies à la course. La première idée est donc que l'araignée représente à ses yeux la vaillance féminine. Mais elle est aussi la tisseuse, une manière d'artiste, tout comme Florence, écrivaine inspirée de récits pour enfants. Puis elle a un sursaut de dégoût. Elle vient de penser aux poils noirs qui recouvrent l'animal – boule velue qui lui évoque le sexe de la femme. Et une nouvelle idée vient interrompre la précédente, celle de la multitude de pattes. Je lui demande : « Combien ? » Elle répond sans hésiter que l'araignée est un animal à huit pattes… Elle hésite, perplexe : huit pattes ! Comme deux corps humains assemblés – « la bête à deux dos », autrement dit le rapport sexuel. Multitude de connotations qui se pressent à l'évocation de l'araignée : la vaillante, l'artiste, le sexe féminin, les deux corps assemblés… Laquelle choisir ?

Voilà ce que l'on pourrait appeler un « rêve à tiroirs » – si l'on tire un fil, un second se présente aussitôt, puis un autre encore… Ces rêves expriment l'impossibilité de choisir entre plusieurs pistes. Et nous voilà partis à la recherche du problème auquel le rêve tente de trouver une solution.

Florence me raconte comment, il y a deux ans de cela, elle s'est trouvée confrontée à l'infidélité de son mari. Elle n'aurait jamais imaginé une chose pareille tant leur couple de vingt-cinq ans était harmonieux. Lui, c'était l'homme d'affaires et elle, l'artiste. Il rapportait l'argent du ménage ; elle se consacrait à écrire des livres illustrés pour enfants, qui connaissent un certain succès. Ce fut comme un coup de tonnerre dans un ciel serein lorsqu'elle a découvert qu'il entretenait une relation amoureuse avec une femme de son environnement professionnel. Pire encore, cette liaison durait depuis trois années, sans jamais avoir éveillé ses soupçons.

Depuis lors, l'image de son mari s'est transformée. Elle qui avait en lui une confiance inébranlable le regarde avec suspicion, doute aujourd'hui de sa parole. À tout moment, elle voit un dissimulateur, un menteur. Elle se méfie, l'interroge, vérifie… Ils se sont disputés, bien sûr, ont parlementé ensuite, longtemps. Cela a duré des semaines, des mois… Ils ont finalement décidé, d'un commun accord, de ne pas se séparer. Après le gel qui a suivi la crise, ils ont repris leurs relations sexuelles. Mais à la différence de ce qui se passait naguère, elle n'accepte plus certaines « fantaisies », certaines étreintes. Et elle l'exprime maintenant sans détour !

Nous comprenons mieux la polysémie de l'araignée de son rêve, cette image multiple, araignée au déplacement imprévisible, mouvement kaléidoscopique de ses pensées… Elle représente l'amour et le désir qu'elle éprouve toujours pour son mari, mais l'image de sa rivale aussi, cette chasseresse sans vergogne, qui s'impose parfois à son esprit avec force, l'empêchant de se laisser aller au plaisir. Car c'est bien ce qui se passe : l'image de la rivale vient s'interposer au moment du plaisir.

Et le mouvement final du rêve, le geste du mari qui lui présente la bête et le goût amer qu'elle perçoit en rêve lorsqu'elle la croque : son désir sexuel, bien sûr, mais, aussitôt après, le refus de se soumettre à la fellation qu'il aime tant. Et maintenant, cette phrase qui lui vient à l'esprit : « Il ne me fera pas avaler ses couleuvres. » Comment sortir de tous ces questionnements contradictoires ?

Florence l'intelligente, l'érudite, qui se demande de quelle manière recourir à sa force, à sa créativité pour, à nouveau, prendre plaisir à son couple…

Apprenant que cela faisait des mois qu'elle ne s'était pas remise à son écritoire, je lui ai donné le conseil suivant :

Mon conseil

Permettez-moi un conseil, chère Florence. Redevenez active. Écrivez une nouvelle histoire pour enfants, plus longue, plus détaillée, peut-être plus complexe que d'habitude. Pourquoi pas un roman ? Cette fois, l'héroïne pourrait être une araignée, une araignée savante, apprivoisée, qui viendrait le soir murmurer ses secrets aux oreilles d'une gamine…

Elle m'a promis qu'elle le ferait.

CHAPITRE 8

... Rêve-programme ...

On m'adresse souvent le texte de rêves qui s'imposent à l'attention, qui insistent, qui exagèrent, qui dépassent les bornes. Ces rêves se répètent, quasiment identiques, à intervalles réguliers. On les appelle parfois « récurrents » ; on les redoute non seulement du fait de leur contenu souvent chargé d'angoisse, mais aussi de leur caractère énigmatique. Et toujours cette question : qu'ont-ils à revenir ainsi ?

Pourtant la réponse s'impose : si un rêve insiste, c'est qu'on ne lui a pas répondu ; c'est-à-dire qu'aucune parole tierce n'est intervenue pour lui permettre de s'accomplir.

Et s'ils se répètent aussi souvent, avec une telle régularité, c'est qu'ils viennent remettre en cause des choix de vie, des stratégies d'existence décidées un jour et qui continuent à structurer notre attitude au quotidien.

Ces rêves agaçants, parfois inquiétants, sont pourtant de précieux auxiliaires, sortes de petits diables venant rappeler que le changement s'impose maintenant... Ils fournissent de plus le contour d'une attitude nouvelle, d'un nouvel « être-au-monde », la clef des comportements qu'une situation nouvelle exige de nous. C'est pourquoi je les appelle « rêves-programmes ».

Celui de Céline que je vais rapporter maintenant est typique, jusqu'à son contenu immédiat qui porte la trace du programme à réaliser désormais…

Rêve 20

« Je resterai seule jusqu'à la fin de ma vie… »

En ce moment, je fais souvent un même rêve. J'y suis jeune adulte, quelquefois même adolescente, vivant encore chez mes parents, célibataire, donc, et j'y recherche l'amour, désespérément. Je tente de séduire un homme et, à chaque fois, c'est un échec, un rejet. Et j'éprouve alors une peur, terrible, qui m'envahit et m'oppresse, la peur de rester seule jusqu'à la fin de ma vie. Au réveil, il me faut un moment pour me convaincre que ce n'était qu'un rêve ; pour réaliser que je suis âgée de 38 ans, que je vis en couple et que je suis mère d'une charmante petite fille de 2 ans…

CÉLINE, 38 ANS, RÉGION D'ORLÉANS

Ce qui est frappant dans ce rêve, c'est bien la sensation de réalité qui s'en dégage. Et son insistance, aussi. Céline comprend qu'il s'agit d'un problème qui la concerne. Elle y a réfléchi. Elle a pensé qu'on ne répète pas ainsi la même thématique sans raison. C'est pourquoi elle s'est adressée à moi. Elle est inquiète, bien sûr, curieuse, aussi.

Elle me relate les deux événements majeurs qui ont bouleversé sa vie en l'espace de deux ans. Le premier est la naissance de sa fille, son premier enfant, longtemps attendu puisqu'elle vit en couple depuis une quinzaine d'années. Le second est le décès de sa mère, durant sa grossesse, alors qu'elle était enceinte de six mois. Elle était très liée à sa mère, elle l'aînée de quatre enfants. Durant la maladie de celle-ci, elle venait la visiter presque chaque jour. Elle se souvient avec émotion de ces moments intenses où elle la suppliait de tenir le coup, lui parlant sans cesse de la naissance qui approchait. Elle aurait tant voulu que sa mère connût sa fille !

Mais un autre problème est apparu, subrepticement, lentement. Depuis la naissance de sa fille, elle n'a plus guère de rapports sexuels, comme si le désir s'était évanoui, tant le sien que celui de son conjoint. Elle a l'intuition que ces rêves qui se répètent, mettant en scène des séductions avortées, évoquent la question de sa sexualité en panne. Mais elle sent bien qu'ils ne se contentent pas d'un constat ; qu'ils en disent bien davantage !

Ces rêves la propulsent avec force en un temps zéro, évoquant une sorte d'initiation, comme au premier moment de sa vie sexuelle. Elle reconnaît que, d'un certain point de vue, ils ont raison ; qu'il lui faut « réinitialiser » sa vie sexuelle. Bien des femmes connaissent ce même problème et cette même peur après la naissance de leur premier enfant. On pourrait les formuler en une phrase simple : *Comment rester femme lorsqu'on est devenue mère ?* Et, pour Céline, le problème est exacerbé du fait que sa mère est décédée au moment même où elle devenait mère, comme si le destin l'avait assignée au seul rôle de mère. Autrement dit, aujourd'hui, par la force des choses, *elle est davantage la mère de sa fille que la fille de sa mère.*

Du coup, le rêve s'éclaire. Dans la discussion, il nous semble même limpide. Il exprime à la fois l'obligation dans laquelle elle se trouve de repenser sa vie sexuelle, maintenant qu'elle est mère, et la peur, si elle n'y parvenait pas, de rester ainsi, elle et son compagnon, deux parents pépères, privés d'amour jusqu'à la fin de leur vie. Une fois parvenu là, après avoir compris la rationalité de ce rêve, j'ai pu lui fournir un conseil.

Mon conseil

Il me semble que c'est à vous, chère Céline, de prendre l'initiative de la séduction. Non pas parce

que vous êtes une femme, mais parce que c'est vous qui avez reçu le message ; parce que c'est à vous qu'a été adressé le rêve.
Permettez-moi un conseil, réintroduisez de l'ambiguïté dans votre couple. Autorisez-vous une séduction sorcière – non pas de ces séductions connues de tous, faite de vêtements ou d'attitudes, de dessous affriolants, non ! Une séduction qui agit en secret. Renseignez-vous ! Il existe des plats qui invitent à l'amour, des ingrédients, des aromates, des sauces qui déclenchent le désir. Préparez l'une de ces recettes et invitez votre époux sans lui préciser votre intention. Vous verrez que débutera une nouvelle vie amoureuse.

En proposant ce conseil, je respecte la fonction de ces rêves-programmes qui est de produire, par la pression qu'ils exercent, une modification de la stratégie d'existence du rêveur. D'objet déçu d'un désir absent, voici désormais Céline, si elle adopte mon conseil, actrice d'un désir assumé.

— V —

Quelques rêves que l'on dit « typiques »

CHAPITRE 1

... Rêve d'examen ...

La question des rêves que l'on dit « typiques » hante les ouvrages traitant de l'interprétation des rêves depuis le XIXe siècle. Selon ces théories, il existerait des rêves « universels », communs à l'humanité entière et qui auraient toujours la même signification. Outre que je ne pense pas qu'un rêve possède *une* signification unique, mais plutôt qu'il appelle *des interprétations,* comment peut-on imaginer que des personnes qui ne sont pas de même famille, qui ne vivent pas ensemble, pas dans la même ville, le même pays ni à la même époque, qui n'ont rien à voir les unes avec les autres, puissent avoir le même rêve ? Et d'abord, s'agit-il vraiment du même rêve ? Il est permis d'en douter. S'il arrive que des rêves mettent en images *le même thème*, il est extrêmement rare de rencontrer deux rêves identiques.

Une seconde question s'impose aussitôt : ces rêves « typiques » sont-ils aussi fréquents qu'on le dit ? Nous pouvons désormais y répondre puisque les chercheurs disposent depuis une vingtaine d'années de « banques de rêves », c'est-à-dire de listes informatisées de récits fiables de rêves, recueillis en laboratoire, au lit du rêveur. Ces bases de données, pouvant compter plusieurs dizaines de milliers de rêves, sont susceptibles d'être interrogées à partir de mots clés. C'est ainsi que les rêves que l'on pensait « fréquents », comme ceux mettant en scène la chute de dents, par exemple, ne constituent qu'une infime part des rêves collectés[1]. L'impression qu'ils sont fréquents provient probablement de leur caractère frappant et aussi, il faut le reconnaître, des traces laissées dans la mémoire collective par des textes célèbres.

Freud, en effet, dans sa fameuse *Interprétation des rêves*, définit une catégorie de rêves dont l'interprétation, d'après lui, pourrait se passer de la parole du rêveur. Il nomme ces rêves qui feraient appel à un prétendu symbolisme universel « rêves typiques » – catégorie dans laquelle il range les rêves de nudité, de mort d'un être cher, les rêves de vol et de chute et les rêves d'examen[2]. Près de cent vingt ans plus tard, on retrouve la même liste, identique jusque dans les détails, tant dans les ouvrages savants que dans les revues de vulgarisation et, plus grave encore, avec

---

1. « Par exemple, le rêve au cours duquel on perd toutes ses dents, que plus de 75 % de la population normale a déjà fait au moins une fois dans sa vie, représente moins de 0,05 % dans la banque de données mise en ligne par les équipes de recherche de l'Université de Santa Cruz, en Californie. » Isabelle Arnulf, *Une fenêtre sur les rêves*, *op. cit.*, p. 14.
2. Sigmund Freud, *L'Interprétation des rêves*, *op. cit.*, chapitre V, section D.

les mêmes interprétations. Qu'en penser sinon qu'en matière d'interprétation des rêves, les auteurs ont bien du mal à faire preuve d'imagination[1] – bien plus de mal encore à se fier à la parole des rêveurs ?

Le fait est que la catégorie des « rêves typiques » n'est, à mon sens, pas pertinente. Que tous les êtres humains rêvent de perdre leurs dents ou d'apparaître nus, rien d'extraordinaire à cela puisqu'un rêve est susceptible de traiter, décomposer, brasser et réinventer n'importe quelle expérience de la veille. Il est bien plus important de savoir par quelles paroles, quels actes l'interprète permet à de tels rêves de se réaliser.

Le rêve de Jeanne, typiquement un rêve d'examen, démontre à l'évidence que pour ce type de rêves comme pour n'importe quel autre, on ne peut se passer de l'expérience intime du rêveur.

Rêve 21

« Je passe un examen en touriste... »

Je fais ce même rêve depuis des années. Je me retrouve à l'école, parfois au collège, dans la cour. Je ne reconnais pas l'établissement, ni ma classe,

1. J'avais déjà noté dans *La Nouvelle Interprétation des rêves* (*op. cit.*) que certaines interprétations de rêves, notamment pour les rêves de chute de dents, que l'on rencontrait pour la première fois dans *La Clef des rêves* d'Artémidore de Daldis, se retrouvaient identiques tant chez les interprètes arabes des VIIIe-Xe siècles que chez les mystiques chrétiens du XIIIe siècle et jusqu'aux « modernes » du XIXe.

ni les élèves, ni mes professeurs et j'ai les mains vides, sans livres ni cahiers, comme si j'étais venue là « en touriste ». La cloche sonne, je me dirige, tête baissée, vers une salle de classe. Et là, c'est l'examen… et je n'ai rien préparé ! Je me sens alors envahie par un sentiment d'impuissance, consciente de ne rien avoir fait durant toute mon année.

JEANNE, 38 ANS, CADRE COMMERCIALE,
RÉGION DE METZ

Ces rêves qui confrontent le rêveur à des épreuves pourtant surmontées avec succès dans le passé font partie, comme je le disais, de ceux que l'on a coutume d'appeler « rêves typiques ».

Jeanne me précise d'emblée que ce rêve revient souvent. Et, chaque fois, elle se sent déstabilisée au réveil, anxieuse, avec un sentiment flottant de culpabilité. Au point qu'il lui faut parfois quelques minutes avant de réaliser qu'elle a réussi son BTS voilà une vingtaine d'années. Que peut signifier, me demande-t-elle, d'être ainsi plongée dans une anxiété anachronique ?

Lors de notre conversation remontent à sa mémoire des situations angoissantes liées à ses études. À l'âge de 16 ans, elle a dû changer de lycée. Du jour au lendemain, elle se retrouvait loin de chez elle et pour la première fois en internat. Comme il arrive fréquemment, le bouleversement du cadre, la disparition de camarades aimés, l'inquiétude devant des professeurs nouveaux l'ont profondément affectée. D'autant qu'elle a été mal accueillie, dans une classe où les élèves ne cherchaient qu'à chahuter et à insulter les enseignants. Isolée, débordée par son anxiété, incapable d'agir sur les événements, elle a senti la situation lui échapper. Elle a lâché prise. Cette année-là, ses résultats scolaires se sont révélés désastreux. Elle voit dans ce contexte de ses 16 ans l'origine des images du rêve : le collège, la cour, l'anxiété teintée de culpabilité, le fait qu'elle ne reconnaît ni élèves ni professeurs…

Mais pourquoi, s'interroge-t-elle, ce rêve est-il soudain venu envahir ses nuits ? C'est alors qu'elle évoque une situation de panique plus récente. C'était il y a cinq ans, lors de l'accouchement de son second garçon. Là encore elle n'est pas parvenue à maîtriser la situation. L'enfant est arrivé si vite que les médecins n'ont pas eu le temps de lui administrer l'anesthésie péridurale. La douleur a été fulgurante – on peut dire cataclysmique ! Cette douleur inconnue, indicible, est restée inscrite en elle en un « plus jamais ça ! ». Depuis, elle vit dans la hantise d'une nouvelle grossesse – et cela malgré la présence de son stérilet. Au point qu'elle serait prête, me confie-t-elle, à accepter une ligature des trompes, rien que pour se débarrasser une fois pour toutes de cette anxiété.

D'ailleurs, ce rêve d'examen survient chaque fois qu'elle est traversée par la peur de perdre le contrôle de sa vie ou de son corps. Et elle me précise : après un rapport sexuel, par exemple, lorsqu'elle a éprouvé du plaisir, en raison de ses inquiétudes quant à une éventuelle grossesse… Et pourquoi précisément lorsqu'elle a éprouvé du plaisir ? C'est que, venant la distraire, il pourrait lui faire oublier le poids du danger qui plane au-dessus d'elle.

Elle est ainsi, chère Jeanne, par ailleurs si sensible, prête à fondre en larmes au récit des souffrances d'un inconnu, mais arc-boutée dans son quotidien à maîtriser les événements de sa vie. Et maintenant, le rêve d'examen, expression de sa peur de perdre le contrôle, en est aussi devenu le signe. Désormais la question de départ qui était : « Comment conserver la maîtrise de son existence ? » est devenue : « Comment se protéger du retour de ce rêve ? »

J'ai pensé que, pour Jeanne, le rêve s'offrait comme l'objet à traiter. Laissé intact, il fracture à chaque fois son sentiment de plénitude. Il lui faut donc l'apprivoiser, se l'approprier. C'est pourquoi je lui ai dit ceci :

Mon conseil

Permettez-moi un conseil, chère Jeanne : la prochaine fois que vous ferez ce rêve, écrivez-en le texte sur une feuille de papier, aussi détaillé que possible. Pliez la feuille jusqu'à obtenir un rectangle de quelques centimètres et enfouissez-la au fond de votre porte-monnaie. Vous verrez, au bout d'un certain temps, vous l'oublierez…

CHAPITRE 2

... Rêver des morts ...

> « Tirésias… Dis-moi la vérité. Je vois l'âme de ma mère qui est morte. Elle se tait et reste loin du sang, et elle n'ose ni regarder son fils, ni lui parler. Dis-moi, Ô Roi, comment elle me reconnaîtra.
> Je parlai ainsi, et il me répondit :
> — […] Garde mes paroles dans ton esprit. Tous ceux des morts qui ne sont plus, à qui tu laisseras boire le sang, te diront des choses vraies ; celui à qui tu le lui refuseras s'éloignera de toi. »
>
> HOMÈRE, *Odyssée*, chant XI.

L'un des plus grands problèmes que connaissent les modernes est sans doute le traitement de leurs morts. Dans un monde que l'on dit « désenchanté », sans dieu, sans diables, sans invisibles, dont les seules consciences sont humaines, tout nous incite à abandonner nos morts au mouvement brownien de leurs molécules, à laisser se diluer leur mémoire, s'effacer leurs traces, s'éparpiller leurs cendres aux vents des mondes… Et si nous n'y parvenons pas, au bout de quinze jours, d'un mois, tout au plus de deux, il n'est pas exclu qu'un médecin finisse par nous administrer quelque chimie.

Nous avons appris à traiter les cadavres, nous avons des théories biologiques et philosophiques sur la mort, son caractère nécessaire, sa fonction dans l'évolution des espèces, par exemple, mais nous ne savons plus penser nos morts, devenus incapables d'imaginer leur existence. Si nous pensons *la Mort*, nous ne savons que penser *des morts*. En cela, nous nous sommes éloignés des traditions connues qui, en règle générale, tracent une vie aux morts, un devenir, aussi, les jalons qui mènent certains d'entre eux au statut d'ancêtres, parfois même de saints.

S'il reste admis que la disparition de proches, d'êtres chers, engendre angoisse et tristesse chez les survivants, c'est seulement une concession accordée du bout des lèvres à notre part infantile. Car l'émotion que ressentent les survivants – seule influence que nous reconnaissons encore aux morts – reste signe d'une dépendance imaginaire ou d'une tendance dépressive. La pensée correcte consisterait à assumer l'inéluctabilité de la mort et, passé le temps d'une « tristesse raisonnable », à rejoindre au plus vite la banalité des vivants en attendant sa propre mort[1].

1. Pour l'explication de la fréquence de l'apparition des morts en rêve, voir mon ouvrage *La Nouvelle Interprétation des rêves*, *op. cit.*, notamment p. 204-212.

Tel est, brossé à grands traits, le schéma proposé, mais il semble que les rêves, pas plus ceux des modernes que des anciens, ne l'aient jamais accepté et ne l'acceptent toujours pas de nos jours. Et, comme dans l'Antiquité, les morts se pressent aux carrefours de nos rêves, pour exiger de nous, pour nous informer aussi, pour nous guider parfois…

Tel est le rêve, à mon sens exemplaire, de Clarisse que je présente ici.

Rêve 22

« Ma mère hante toutes mes nuits… »

Je rêve presque toutes les nuits de ma mère. L'un de ces rêves me fait particulièrement mal. Je suis dans sa maison qui est très sombre. Les femmes des pompes funèbres se sont enfermées avec elle durant un long moment. Elles partent et je me retrouve enfin seule avec elle. Elle me dit : « Tu sais, elles m'ont vidé de tout mon sang et elles m'en ont remis du neuf. Mais attention, c'est un sang qui ne me permettra de vivre que pendant quinze jours et après je serai vraiment morte, pour toujours. Alors, si tu as des choses à me dire, dépêche-toi, c'est maintenant, après ce sera trop tard… » Puis tout est confus et elle disparaît.

CLARISSE, 45 ANS, EMPLOYÉE, PARIS

Clarisse aperçoit sa mère bien vivante dans le rêve et, sitôt les yeux ouverts, prend conscience que ce n'était qu'illusion, que sa mère est bien morte. Et le monde lui apparaît alors plus vide que la veille. Oui, ces rêves sont terribles, chère Clarisse, qui viennent raviver la douleur de la perte, comme si l'on grattait la croûte d'une blessure encore fraîche. On sort du sommeil avec une insupportable frustration, insatisfait du rêve, déçu par la vie réelle. Et Clarisse vit cela presque chaque matin, tant sont fréquents les rêves de sa mère décédée – voilà plus d'un an, pourtant…

Et bien sûr des questions – un rêve est toujours une énigme ! Que vient lui demander sa mère ? Quel rite, quelle parole, quel geste à accomplir ? Aurait-elle commis une erreur durant les funérailles ? Ou bien vient-elle lui délivrer un message ? Et lequel ? Mais cette fois, c'était plus fort, si bien qu'elle a éprouvé le besoin de m'écrire… Plus fort du fait, sans doute, que cette fois le rêve était plus proche de la réalité, reprenant les événements précis qui se sont produits le jour du décès.

Une scène, notamment, qui lui revient en mémoire, celle des « femmes des pompes funèbres », les thanatopracteures, qui lui demandent de quitter la pièce pour préparer le cadavre. Elles l'ont agacée par leur désinvolture. Elles bavardaient, elles plaisantaient… On avait l'impression qu'elles faisaient un job, sans y penser, par routine. Et une parole qu'elle n'a toujours pas « digérée »... Au moment où elles ont rouvert la porte, elles ont lancé cette phrase qui continue à la tourmenter aujourd'hui. Elles ont dit : « C'est fini, vous pouvez entrer. Regardez comme elle est belle, votre mère ! » Belle ? Son sursaut quand elle a vu sa mère, son mouvement de recul... C'était horrible ! Elles l'avaient transformée au point qu'elle ne la reconnaissait plus. Ce dernier moment qu'elle se promettait seule avec elle fut un rendez-vous manqué !

Ce souvenir en évoque un autre, sans doute plus douloureux, le jour du décès. Elle ne s'était absentée que quelques minutes, alors qu'elle la veillait depuis des semaines, quasiment jour et nuit... Eh bien, c'est à ce moment qu'elle est partie ! Elle a manqué l'instant de son dernier soupir, une dernière parole, peut-être... Un autre rendez-vous manqué ! Et à l'église, encore, le curé, pressé, qui voulait en finir au plus vite : une cérémonie sans âme, privée de sens, si bien que Clarisse est restée seule avec son chagrin.

Dans le rêve, elle revoit ces mêmes thanatopracteures. Cette fois, elles manipulent le corps de sa mère, non pour préparer son apparence, mais pour lui transfuser du sang, afin que mère et fille puissent échanger une quinzaine de jours encore. Clarisse le reconnaît : c'est de cela qu'elle aurait besoin, d'une dernière et longue rencontre avec sa mère.

Je lui dis que je suis frappé par la ressemblance de son rêve avec une célèbre scène du chant XI de l'*Odyssée* d'Homère. Là, Ulysse vient interroger les morts pour connaître son avenir. Il descend au royaume des morts, mais les ombres qui lui apparaissent sont incapables de parler. Alors, il sacrifie un bélier et leur offre son sang pour qu'elles s'animent un moment. Arrive l'ombre d'Anticlée, sa mère, qui, après avoir absorbé le sang, lui trace son avenir et lui indique comment parvenir enfin au port. Le fait d'inviter les morts à apparaître était connu des Grecs de l'Antiquité qui appelaient cela *nekuïa*.

Clarisse est aussi impressionnée que moi par la similitude de cette scène avec celle de son rêve. La mère que l'on interroge après qu'on lui a transfusé du sang neuf… Alors nous voilà conduits tous deux à penser qu'elle souhaite peut-être questionner sa mère sur son propre avenir. Mais il nous faut cette fois ne pas rater le rendez-vous. Voilà le détail important du rêve : cette notion de rendez-vous !

C'est pourquoi je lui dis :

Mon conseil

Quand les morts entrent dans nos rêves, c'est pour nous adresser des messages de vie. Pour obtenir

leur parole, il s'agit, comme Ulysse l'a fait sur les conseils du devin Tirésias, de ne pas les troubler, de respecter leur nouvelle existence. Permettez-moi un conseil, chère Clarisse, réservez deux dimanches. Le premier, vous irez vous recueillir sur la tombe de votre mère, nettoyer la pierre, déposer des fleurs. Vous lui direz que vous reviendrez deux semaines plus tard, le dimanche.

Durant ce temps, vous ferez l'aumône, à votre convenance – peut-être un don à une œuvre, à une association, que sais-je –, comme équivalent du sang nouveau du rêve.

Et deux semaines plus tard, le dimanche, vous reviendrez vous recueillir sur sa tombe. Je pense que dans les jours ou dans les semaines qui suivront, vous constaterez le changement.

CHAPITRE 3

... Rêve de chute ...

Les rêves de chute, on le sait, sont fréquents, tout comme leur inverse, les rêves de vol. Les uns comme les autres mettent en images les sensations accompagnant certains moments du sommeil paradoxal – la chute signe l'irruption, parfois soudaine, de ce sommeil, et le vol son installation ainsi que le bien-être qu'on éprouve parfois à y circuler.

Je dois dire que j'en suis arrivé à penser que certains rêveurs sont devenus des virtuoses du sommeil paradoxal, l'ayant progressivement apprivoisé au cours de leur existence. Ceux-là, qui ont appris à jouir de la disparition de leur corps, sont les voiliers des rêves. Pour eux, rêver, c'est contempler depuis des hauteurs un paysage offert à la vue. D'autres, malgré tous leurs efforts, restent effrayés par la brutale perte de contrôle qu'initie ce type de sommeil. Ceux-là éprouvent un vertige à l'idée du rêve. Mais les uns comme les autres peuvent être surpris par la soudaine disparition du tonus musculaire, qui fait retomber la tête en avant. Cette recherche éperdue du support qui se manifeste dans les images hypnagogiques de l'orée du sommeil : les secousses, les sursauts, le pied qui rate une marche ou glisse sur le rebord d'un trottoir…

Bien que fréquents, puisqu'ils reposent sur un mécanisme neurologique commun à tout dormeur, les rêves de chute sont quelquefois très élaborés. S'ils s'enracinent dans une expérience corporelle, ils s'aventurent quelquefois dans le traitement de problèmes qui relèvent des stratégies d'existence. À l'arrière-plan, souvent cette question, lancinante : de quels étayages ai-je besoin pour circuler dans le monde avec assurance ?

Tel est le problème que tente de résoudre le rêve de Léa.

Rêve 23

« Je tombe dans le vide… »

Je fais le même rêve depuis des années et n'en connais pas la signification… Je me trouve dans l'appartement où j'ai grandi. Quelque chose m'appelle au-dehors, mais je ne peux me pencher par la fenêtre, dont le bord inférieur m'arrive bien au-dessous de la taille. Je me jette en arrière pour éviter de tomber. C'est alors que le bâtiment s'incline en avant et que je suis absorbée par le vide. Je me réveille en sursaut au moment même ou je me sens glisser. Il faut dire que je suis sujette au vertige. Mais ce rêve est si fréquent que je me dis qu'il est chargé d'un message.

LÉA, 35 ANS, RÉGION LYONNAISE

L'intuition de Léa ne la trompe pas. Ces rêves qui se répètent, qui insistent, qui ne se satisfont pas du haussement d'épaules ou du revers de main du rêveur, viennent souvent pour prévenir… Quelle erreur a-t-on commise, quel danger avons-nous croisé sans lui accorder l'attention nécessaire, quelle ornière ne savons-nous pas éviter, qui nous conduit toujours aux mêmes impasses ?

Lors de notre conversation, Léa m'a relaté le sentiment de malaise qui a imprégné son enfance. Ils étaient trois enfants, deux filles et un garçon, plongés dans une inquiétude permanente auprès d'une mère étrange, incapable d'exprimer le moindre sentiment. Quant à leur père, alcoolique et atteint d'une maladie grave, il semblait ne pas avoir conscience de leur existence. Ses intérêts, lorsqu'il lui arrivait d'émerger de sa brume, ses discussions et ses fureurs, il les réservait à sa seule épouse. Au lointain, donc, se déroulait le monde des adultes, un monde de passions à la violence extrême. Et les enfants, comme trois orphelins, se débrouillaient comme ils pouvaient, pour manger, s'habiller, se rendre à l'école… Léa, l'aînée, a donc pris en charge les deux plus jeunes. À cette époque elle était, selon sa propre expression, « à la fois la fille et la mère »… J'ai failli ajouter : « Le plancher et la personne qu'il soutient » !

Et lorsqu'elle a eu une quinzaine d'années, sa mère est à son tour gravement tombée malade, de ces maladies qui vous transforment en loque. C'est alors qu'elle a fait ce rêve de chute pour la première fois. Si ce rêve a repéré un danger à l'époque, son identification permettrait de comprendre celui qui l'assaille aujourd'hui. Avançons donc un peu…

Quelques années plus tard, Léa s'est mariée une première fois, et c'était avec un homme inconséquent qui n'assumait pas ses responsabilités, le père de ses deux enfants. Lasse d'être une fois de plus celle sur qui tout repose, tant pour la prise en charge des nécessités matérielles que pour l'organisation d'une vie affective stable, elle a fini par le quitter. Aujourd'hui, elle a recomposé une famille avec un autre homme, lui aussi divorcé – lui aussi déçu par une première union. Elle pensait avoir trouvé le compagnon avec qui partager le poids de la vie. Mais en vérité, elle venait de prendre une double dose de la même potion. Elle s'est trouvée assumer la responsabilité non pas de deux, mais de quatre enfants et, par-dessus le marché, le soutien quotidien d'un nouveau conjoint dont elle a découvert la fragilité.

Et la voici, une fois de plus, comme durant son enfance, responsable de tous et préoccupée de chacun. On pourrait penser que Léa est ainsi, structurellement, au centre, s'il n'était une pensée sorcière qui l'obsédait. Cette pensée, elle me l'a avouée, l'air contrit. Une pensée bizarre, qui l'empêchait de se réjouir de peur que cela n'entraînât le malheur d'un proche.

Je saisis la balle au bond. Voilà, lui dis-je, le danger qu'évoque le rêve. À assumer sans réserve la position de référent, on fait, à terme, disparaître la personne. *On ne peut, à la fois, être le plancher et la personne qu'il supporte.*

Si Léa se réjouit, si elle prend du plaisir, c'est en tant que personne ; c'est alors que le plancher se dérobe sous ses pas et sous ceux aussi dont elle a la charge. Et lorsque je lui ai fait remarquer l'aporie subtilement mise en scène par le rêve, elle s'est souvenue que la dernière fois que ce rêve l'avait assaillie, elle venait d'apprendre qu'elle avait enfin obtenu, dans son travail, la place qu'elle convoitait.

À l'issue d'une riche et longue discussion, j'ai pu lui prodiguer un conseil. Le voici :

Mon conseil

On ne peut, à la fois, être le plancher et la personne qu'il supporte… Ainsi vous alerte votre rêve ! Alors, permettez-moi un conseil, chère Léa. La prochaine fois que ce rêve se présentera, acceptez de vous mettre entre les mains de plus fort que vous. Partez honorer une puissance. Vous m'avez confié que vous étiez croyante et que vous aimiez prier. Alors, pourquoi pas un cierge ? À l'église, au pied de la Vierge, par exemple ; à ce moment de la prière, vous serez la personne, et la puissance invoquée sera le plancher.

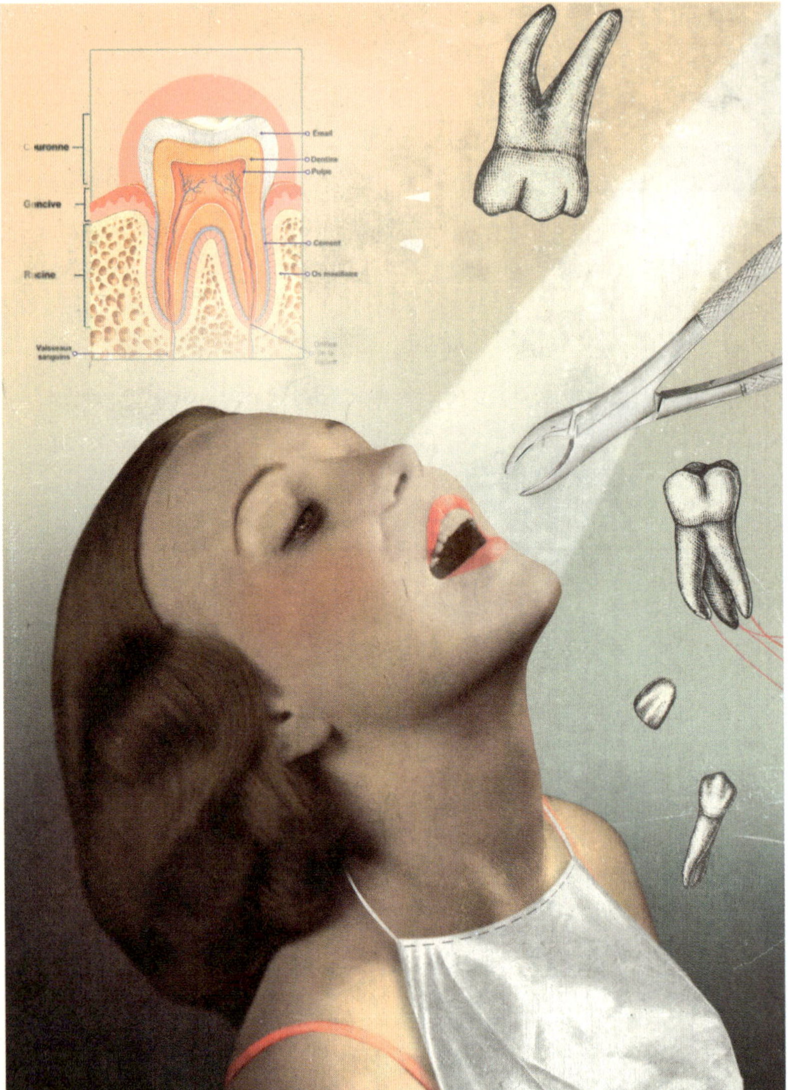
Émail
Dentine
Pulpe
Vaisseaux sanguins

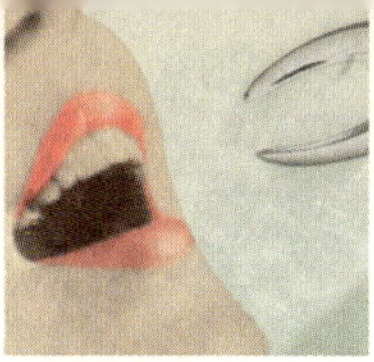

CHAPITRE 4

... Rêve de dents ...

Les rêves de dents sont répertoriés depuis l'Antiquité. Déjà Artémidore, célèbre interprète de rêves du IIe siècle, leur consacrait un chapitre de sa *Clef des songes*. Pour lui, la cavité buccale représentait la maison, le foyer du rêveur, et les dents, ses habitants, les membres de sa famille par conséquent – *celles de la mâchoire supérieure, les parents qui le précèdent, celles de la mâchoire inférieure, ceux qui lui succèdent*[1]. Ainsi, pour lui, *qui rêve de dents, rêve de sa famille,* la chute de dents supérieures annonçant le décès d'un père, d'une mère ou d'un ascendant, celle des dents inférieures la naissance d'un enfant.

Mais il faut préciser qu'Artémidore, dans la construction de ses interprétations, se réfère implicitement à une conception des humains longuement développée dans la mythologie de la Grèce antique. Pour eux, les premiers humains, ceux de la fondation étaient des sortes de

1. « Parmi les dents, celles du haut indiquent ceux qui dans la maison du songeur sont les supérieurs et l'emportent, celles du bas indiquent les inférieurs : car il faut regarder la bouche comme la maison et les dents comme ceux qui l'occupent. » Artémidore de Daldis, *La Clef des songes*, *op. cit.*, p. 44.

plantes. Ainsi, Cadmos, pour fonder la ville de Thèbes, doit-il affronter un gigantesque dragon surgi de la terre. Après en avoir triomphé, il lui fracasse les dents à l'aide de son glaive – dents qu'il s'en ira planter en deux rangées parallèles. De ces dents, racines d'humains semées en pleine terre, surgiront les premiers habitants de Thèbes, ancêtres des familles nobles, que l'on appellera Spartoï, ce qui signifie précisément : « hommes semés ». Les Grecs se pensaient donc originairement comme des *autochtones*, c'est-à-dire comme « produits par la terre ».

Il existait ainsi, dans la culture de la Grèce antique, une ligne interprétative conduisant des dents aux humains selon une équivalence mise en récit par le mythe – la dent étant « graine d'humain », dure comme la graine de céréale, plantée dans la gencive comme la graine est plantée en terre. On comprend donc les interprétations d'Artémidore et le fait que, congruentes avec les pensées de leur environnement, elles étaient facilement acceptées par ses rêveurs.

C'est une tout autre affaire que d'interpréter un rêve de dents d'une rêveuse moderne, qui rêve aussi de cabinet de dentiste, de technicité et d'anesthésie.

Rêve 24

« Je perds mes dents... »

La nuit dernière j'ai fait un rêve qui me laisse encore perplexe. Il m'a réveillée en sursaut, effrayée.

L'endroit était assez flou, une sorte de cabinet dentaire, vaste, lumineux, moderne. Une dentiste, semble-t-il, avec une lampe frontale, l'air un peu loufoque. Elle a examiné mes dents en me parlant de tout et de rien. Elle avait une voix stridente, désagréable. Sans doute m'a-t-elle anesthésiée car, dans mon rêve, je me suis vue sortir du sommeil. C'est alors que j'ai craché trois ou quatre dents, énormes, qui laissaient des trous monstrueux dans ma bouche ; il n'y avait pas de sang, pas de douleurs. Et là je me suis réveillée.

MARGOT, 30 ANS, ÉDUCATRICE DE JEUNES ENFANTS, LORRAINE

Chaque rêve, répétons-le, mérite une interprétation singulière, une parole toujours spécifique, qui permet au rêve de s'accomplir dans la réalité et qui ne peut survenir qu'après avoir recueilli l'expérience intime du rêveur.

Lors de notre conversation, les préoccupations qu'évoque Margot concernent sa difficulté à fonder une famille. Elle me raconte que, lorsqu'elle avait 10 ans, ses parents se sont séparés et que sa mère, désemparée, s'est effondrée dans la dépression. Il n'y avait plus rien à tirer de la pauvre femme qui parvenait à peine à s'extraire de son lit. Et la petite Margot, encore une fillette, a farouchement pris les choses en main, s'occupant du ménage, préparant la nourriture des plus jeunes, les guidant dans la préparation des leçons et des devoirs du lendemain. Son caractère s'est forgé durant ces années, fait à la fois de courage dans l'épreuve et d'absence de confiance dans les adultes. Depuis, « elle assume », comme elle le dit elle-même ; elle assume tout, comme si elle était seule au monde.

Aujourd'hui, elle est mère d'une petite fille de 3 ans qu'elle élève seule. Toujours seule, car malgré les nombreuses sollicitations, elle préfère le rester.

Grâce à l'aide d'une psychothérapie, elle a pu comprendre combien la séparation de ses parents avait inscrit en elle une méfiance profonde envers le monde extérieur, un doute, aussi, quant au couple et jusqu'à la notion de famille. Elle s'entendait bien avec sa psychothérapeute, une jeune femme ouverte et sympathique. Mais elle a interrompu le traitement au bout d'un an. Elle ne sait pas pourquoi. Peut-être que, là encore, elle voulait se débrouiller seule…

Avec moi, elle admet que l'étrange dentiste de son rêve, qui parle à tort et à travers, « de tout et de rien », qui lui retire des parts énormes d'elle-même sans même qu'elle en ait conscience… que cette femme est la psychologue qui l'a suivie quelque temps. Elle comprend aussi que son rêve tourne sa psy en dérision, dénigre ses paroles, conteste les bienfaits du traitement. Mais elle se demande aussi quelle est la signification des dents. Peut-être, me dit-elle, que les dents ne représentent rien d'autre qu'elles-mêmes. Pourquoi veut-on toujours chercher une signification derrière les choses ? Elle me rapporte alors que son dentiste lui a récemment arraché quatre dents de sagesse. Mais il n'a pas correctement accompli son travail, omettant d'extraire la moitié d'une racine, qui s'est infectée ensuite. Du fait d'un travail thérapeutique inachevé, elle a donc souffert durant plus d'une semaine d'une douleur lancinante. Elle se demande alors, subtile Margot, s'il ne lui faut pas comprendre que sa psychothérapie, interrompue à son initiative, n'a pas aussi laissé en elle une racine douloureuse.

Dans le rêve de Margot, s'il s'agit bien de problèmes de famille, nous voilà très loin des interprétations d'Artémidore ou de celles de Freud. Pas de mort de parents ou de naissance à venir… Les dents sont ici l'occasion d'évoquer un processus thérapeutique interrompu en raison du problème même qu'il avait mission de traiter, à savoir l'absence de confiance. Rêve paradoxal s'il en est : c'est parce qu'elle ne pouvait avoir confiance qu'elle a quitté sa psychologue, qu'elle avait chargée de traiter son manque de confiance en l'autre.

Il reste tout de même une question. Pourquoi ces problèmes sont-ils réapparus, infiltrant son rêve, la contraignant à y revenir, jusqu'à me solliciter ? C'est qu'un événement récent, me confie-t-elle, lui a provoqué une forte angoisse, une crise de panique, pourrait-on dire. Quelques jours avant le rêve, un garçon avec qui elle avait seulement accepté de boire un café lui a déclaré ses sentiments. Il est allé loin, lui annonçant, de but en blanc, que ses intentions étaient sérieuses, qu'il voulait bâtir une relation durable avec elle. Aussitôt la peur a surgi, cette même peur, ancienne, héritée de l'enfance. Peut-on faire confiance à la parole d'un autre ? Et aussitôt, la conviction que c'était trop tôt, que son traitement psychologique n'était pas terminé, qu'il restait « une racine » risquant de s'infecter…

Qu'ajouter après cela ? Simplement lui confirmer que son rêve avait raison. Je lui ai dit :

Mon conseil

Permettez-moi un conseil, ma chère Margot, suivez l'indication de votre rêve, retournez consulter votre psychologue – ne serait-ce que pour quelques séances. Pour arracher ce « reste » douloureux et vous délivrer de cette manie de tout assumer qui vous condamne à la solitude. C'est simplement cela que souhaite votre rêve.

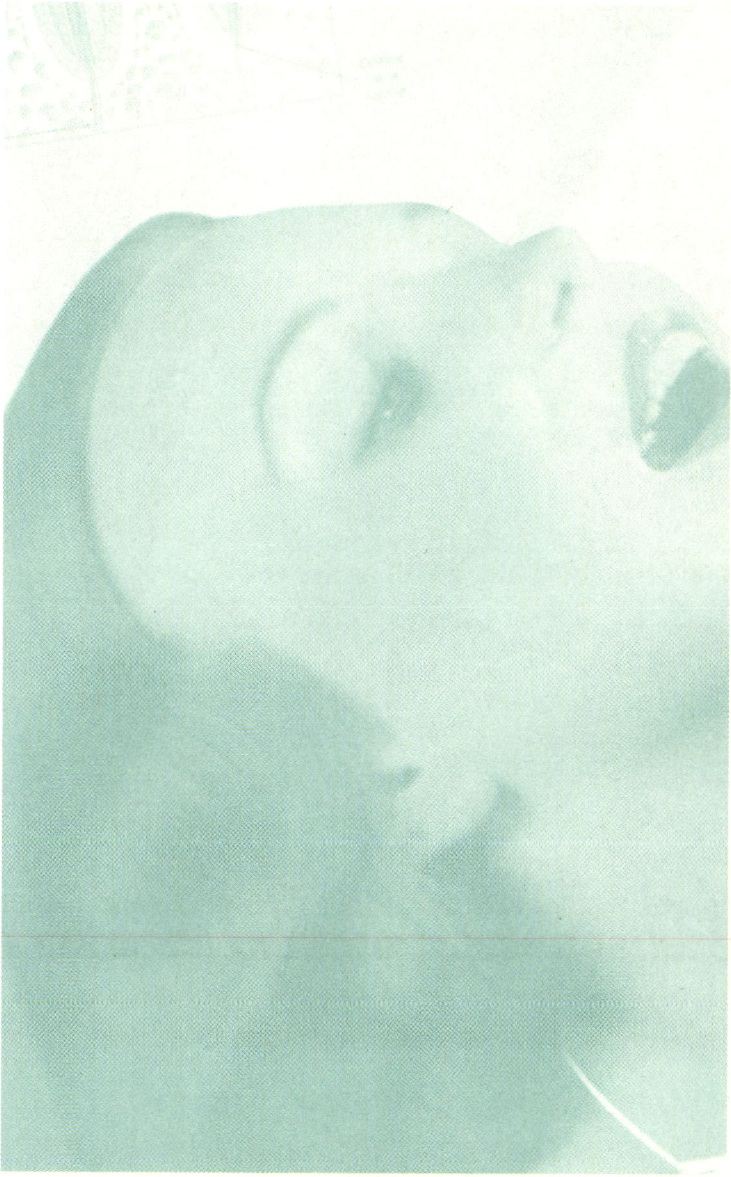

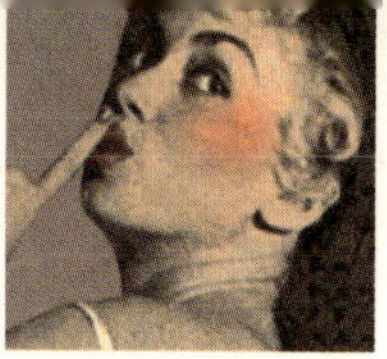

CHAPITRE 5

... Rêve de nudité ...

Les rêves de nudité, tout comme les rêves d'examen, sont en vérité des rêves de trac. Souvent clairement lisibles, ils sous-entendent que, se présentant sans vêtement ni apparats, on fera le constat de l'imposture du rêveur. On pourrait reconstituer leur texte ainsi : « Si j'apparaissais dépourvu de mes artifices, on verrait bien ce que je vaux réellement… » Ces rêves surviennent souvent chez des personnes qui se confrontent à un public en une sorte de défi, les comédiens par exemple, ou les enseignants, les présentateurs de télévision… autant de professions dans lesquelles la prise de parole remet en jeu le statut même de la personne. Ces rêves se répètent par intervalles, la plupart du temps dans les moments qui précèdent une mise à l'épreuve, la première d'un spectacle, ou la veille d'une conférence importante, comme une sorte de préparation. On doit donc les considérer comme des entraînements mentaux.

Mais parfois, les rêves de nudité sont bien plus complexes et méritent une analyse approfondie. Ils révèlent la présence d'un double de la personne, un autre soi-même, dissimulé au secret de son existence. Cette rencontre avec l'autre est souvent accompagnée de sensations physiques particulières et surtout du sentiment de honte.

Tel est le rêve d'Élodie que je présente ici.

Rêve 25

« J'ai honte d'être vue »

Je fais le même rêve depuis des années. Je suis prise d'une envie irrépressible de me masturber. Le lieu ne le permet pas ; il y a toujours du monde autour de moi. Je tente de me dissimuler, mais en vain. Je me masturbe tout de même. Je suis étonnée car les gens m'ignorent ; ils passent en regardant ailleurs. Et plane une question, lancinante : m'ont-ils vue ? me condamnent-ils ? se moquent-ils de moi ? Le rêve est toujours chargé d'une forte angoisse dont le réveil me délivre.

ÉLODIE, 34 ANS, BORDEAUX

Elle m'a parlé en toute liberté, chère Élodie, et je voudrais la remercier à nouveau pour la confiance qu'elle m'a ainsi témoignée. Elle m'a avoué sans fausse honte qu'elle se masturbait depuis l'enfance… Et, de ses caresses d'enfant, elle conserve un souvenir intact. Une fois, alors qu'elle était peut-être âgée de 5 ou 6 ans, un adulte l'a surprise. Peut-être sa mère ou son père… elle ne se souvient plus. Il l'a grondée, bien sûr, mais sans plus. Il ne l'a pas punie, même pas menacée des feux du ciel. Une simple remontrance, quelque chose comme : « Ça ne se fait pas ! » Durant notre conversation, elle reconnaît que c'est un peu la scène du rêve. Avec cette même question restée en suspens : « Qu'a-t-il pensé ? » Elle se demande si son rêve ne ferait rien d'autre que réactiver le souvenir d'une scène angoissante de l'enfance. Mais elle trouve cette proposition absurde.

Je lui demande alors si son rêve ne viendrait pas attirer son attention sur un malaise plus actuel. Dans un premier temps, elle ne voit pas… Elle devance mon questionnement, néanmoins : la relation avec son mari est faite d'amour et de confiance – une relation entre adultes qui partagent les mêmes valeurs. J'insiste : alors de ce côté, tout irait bien ? Pas tout à fait, me répond-elle. Depuis la naissance de son deuxième enfant, il la désire moins. Enfin… comment dire ? Ce n'est pas comme autrefois. Elle sait bien qu'avec le temps le désir s'émousse. Mais Élodie est une femme entière, passionnée. Elle aimerait retrouver l'intensité de leurs rapports sexuels des cinq premières années. Aujourd'hui, si elle ne faisait pas le premier pas, il ne se passerait jamais rien au lit de ses nuits. Elle en a discuté franchement avec son mari… Il a admis qu'il n'était pas très entreprenant et puis voilà tout ! Rien n'a changé… Il ne s'agit pas d'un conflit, non ! Mais maintenant que nous en parlons, elle comprend qu'ici couve un problème. D'autant que, quand ils ont lieu, leurs rapports sexuels sont insatisfaisants. Ils lui procurent du bien-être, certes, une détente physique, mais pas la jouissance – cette jouissance qu'elle retrouve en se masturbant.

Aujourd'hui, sa masturbation s'accompagne naturellement de fantasmes. Pour parvenir au plaisir, elle met en scène des hommes croisés dans la journée ; des hommes qui ont trahi leur intérêt pour elle par un regard, parfois une parole, un frôlement de main… Dans les images qui accompagnent son plaisir solitaire, à la différence de son mari, les hommes sont actifs, trop, peut-être… Ils tentent de la persuader, se font insistants, y reviennent malgré son refus… Ce qu'elle aime, Élodie, c'est être mise en présence du désir de l'autre, visible, exacerbé. Tout cela, elle le sait de longue date. Mais alors pourquoi ce rêve ?

Elle a une forte personnalité, comme on dit. Elle organise, elle prévoit, elle gère le quotidien. Son mari, qui, dans son travail, occupe un poste à responsabilités, laisse tout reposer sur elle à la maison… Elle se demande : « Comment peut-on s'abandonner lorsqu'on est en charge de tout ? » J'ajoute : « Comment concilier l'intelligence d'une gestionnaire et cette sensualité raffinée, aiguisée par les ans ? »

Elle a saisi au vol, Élodie, aussitôt compris que son rêve était d'un réalisme saisissant. Il existe deux Élodie, l'une sérieuse et responsable dans la gestion des affaires du quotidien, l'autre, véritable exploratrice du plaisir féminin. C'est cette dualité que vient régulièrement lui rappeler son rêve. Elle se souvient alors qu'il est survenu pour la première fois à la suite de son premier rapport sexuel, comme pour dire à l'amant : « Tu croyais posséder Élodie, tu n'en as qu'une part. L'autre est cachée. »

Comment inscrire dans le monde réel cette compréhension que nous venons d'avoir ensemble ? J'ai pensé que puisqu'il existait deux Élodie, il fallait aménager deux espaces dans sa vie.

C'est ainsi que je lui ai dit :

Mon conseil

Permettez-moi un conseil : édictez une règle, chère Élodie, une nouvelle règle que vous imposerez à votre mari. Choisissez un jour de semaine – par exemple le vendredi (puisque c'est le jour de Vénus, la déesse de l'amour). Ce jour-là, vous lui interdirez l'accès de votre chambre. Ce sera un jour pour vous, pour l'autre Élodie.

Et s'il insiste malgré tout, repoussez-le d'abord. Et s'il gratte à votre porte en suppliant, acceptez-le, pour cette fois seulement. Le plaisir, vous le savez, se glisse dans les failles de l'organisation du quotidien.

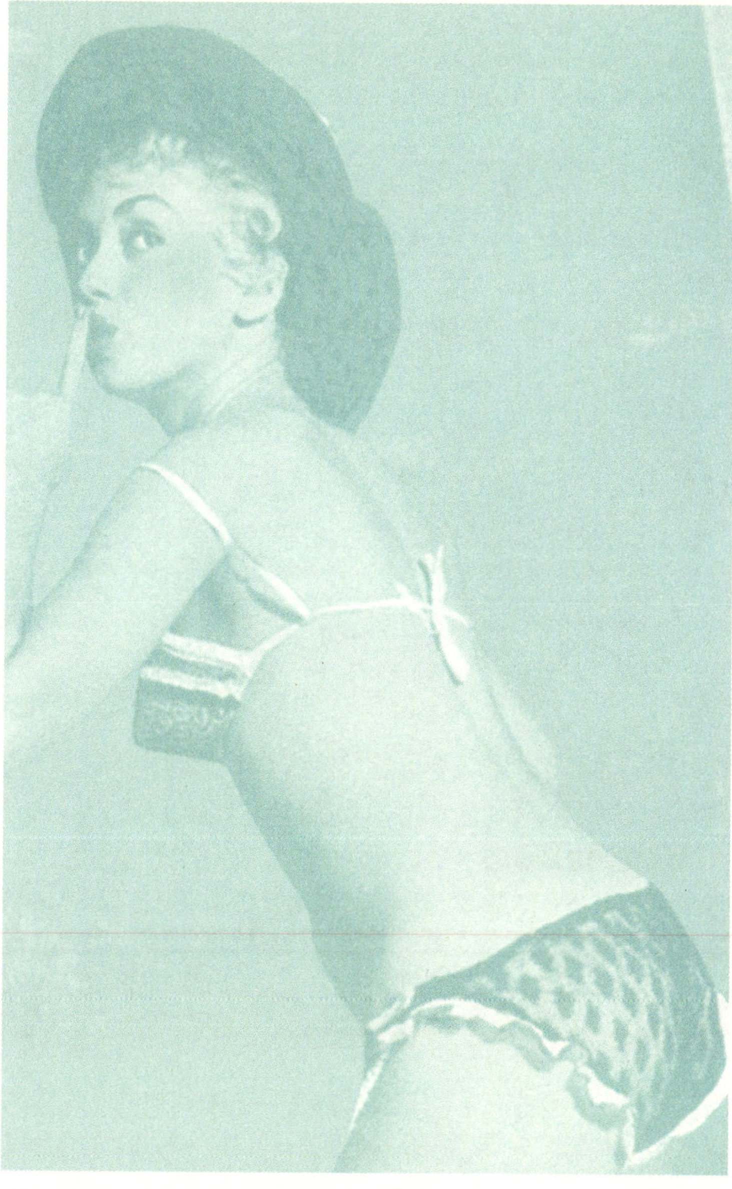

CHAPITRE 6

... Rêves de perte de bagages, portefeuille, papiers d'identité, chéquier, carte de paiement, passeport, etc. ...

On devrait ranger les rêves de perte d'objets personnels tels que valise, portefeuille, carte d'identité, dans cette fameuse catégorie des rêves typiques tant ils sont régulièrement évoqués. Ils frappent le rêveur par leur caractère réaliste, par l'anxiété qu'il éprouve durant le rêve, par les inventions auxquels il se livre pour s'extraire de la situation. Là aussi, il est soulagé au réveil au constat que « ce n'était qu'un rêve » ; là aussi, l'empreinte du rêve colore l'humeur jusque tard dans l'après-midi. Quelquefois, de tels rêves peuvent être perçus comme une mise en garde. Dans la journée, le rêveur vérifiera à deux fois s'il a bien rangé sa carte de paiement dans son portefeuille, si son chéquier se trouve toujours dans le tiroir du bureau, à l'emplacement où il a l'habitude de le ranger. Car ces rêves font vaciller les mille petites habitudes par lesquelles nous nous assurons de la permanence du monde. Puis, au long des heures, se dissipent les inquiétudes et les images du rêve s'en vont peupler la brume du décor.

Pourtant ces rêves méritent une attention particulière et, faut-il le répéter, toujours spécifique. Ils accompagnent souvent les modifications dans les attributs de l'identité : un changement de statut, tel que l'obtention d'un diplôme, par exemple, la préparation d'un mariage, l'imminence d'un divorce, l'annonce d'un héritage… Ils doivent alors être considérés comme des exercices d'habituation. « Tu ne t'es pas encore fait à l'idée de ce mariage. Dans quelques jours, tu ne seras plus le même, plus la même… Prépare-toi ! Les petits riens, repères de ton monde, ne seront plus valides… » Voilà ce que disent ces rêves qui préparent la personne à sa propre métamorphose. Mais quelquefois, plutôt que de la préparer, ils l'annoncent, la prédisent alors que la vie semblait poursuivre paisiblement son cours.

C'est dans ce dernier cas que les rêves de perte appellent l'interprète, exigent cette parole qui les libérera du monde virtuel. Tels sont les deux rêves que je rapporte maintenant.

Rêve 26

« J'ai perdu ma valise »

J'ai récemment fait un rêve qui m'intrigue. Nous étions tout un groupe, de retour d'un voyage lointain. À la sortie de l'aéroport, au moment de la livraison des bagages, il m'était impossible de retrouver ma valise… Je la cherchais, prise d'angoisse. Me souvenant que j'avais omis de l'étiqueter, j'ai fini par penser que je ne pourrais jamais plus la récupérer. C'est alors que je passe en revue son contenu. Dans cette valise, il y avait des affaires personnelles auxquelles je tenais, des vêtements, quelques objets et des cadeaux que je comptais offrir à ma famille… Je me rassurais en pensant qu'il me restait mon sac à main que, précisément, j'étais en train de tripoter.

BRIGITTE, 55 ANS, CADRE D'ENTREPRISE, PROVENCE

Pour évoquer son rêve, Brigitte me dit d'abord que certains de ses rêves ne se diluent pas dans le cours du jour ; qu'ils s'imposent au contraire à l'esprit, exigeant d'elle qu'elle y trouve un sens. Celui-là en est un.

Nous faisons connaissance. Elle me confie d'emblée, chère Brigitte, que si, professionnellement, elle parvient à exprimer sa créativité, sa vie affective est d'une tristesse à pleurer. Elle s'ennuie à la maison, avec un conjoint qui ne lui ressemble pas. Il est aussi casanier et taciturne qu'elle est ouverte et expansive. Et surtout – c'est ce qu'elle lui reproche – sans aucune ambition… Elle l'a épousé – elle peut le dire sans détour – par dépit, après une rupture avec un homme qu'elle aimait, qui lui correspondait davantage aussi… Celui-là appréciait les voyages, cherchait à découvrir des mondes nouveaux… Elle l'avait rencontré dans un aéroport, précisément. Elle se demande : ce rêve n'exprime-t-il que la nostalgie de ce premier compagnon perdu ?

Nous échangeons librement. Je lui dis que les rêves où l'on perd des objets personnels, un bagage, un portefeuille, un passeport, annoncent un changement important dans la vie du rêveur. Peut-être a-t-elle pressenti un tel changement… Elle éclate de rire. Elle y pensait sans oser en parler. Mais puisque je l'y invite… Il y a quelques semaines, lors d'un voyage professionnel, elle a « rencontré quelqu'un », comme on dit lorsqu'on évoque un amour naissant. Et depuis, son désir est réapparu. « C'est fort, insiste-t-elle, puissant », comme si elle ressuscitait. Ils s'étaient à peine trouvés qu'ils se découvraient, à peine découverts qu'ils ne parvenaient plus à se quitter. Depuis elle flotte sur un petit nuage. Elle n'a pas éprouvé une telle sensation de bonheur, de tension aussi, d'envie de vivre, depuis vingt-cinq ans… peut-être davantage !

Je vois dans le rêve de Brigitte tous les ingrédients de ces rêves de perte. La valise égarée à laquelle elle finit par renoncer après avoir balayé en esprit son contenu, c'est ce quotidien, bien sûr, cette routine, le confort matériel et mental de sa vie actuelle auquel elle envisage de renoncer. Il lui reste son bagage à main, ce petit sac qu'elle tripote – son intimité, autrement dit ce nouvel amour qu'elle sent palpiter dans son corps.

Mais pourquoi ce rêve survient-il maintenant ? Elle me répond sans hésiter. Une nouvelle réunion dans une ville éloignée est programmée pour la semaine prochaine. Elle y retrouvera son nouvel ami. Elle en est heureuse et voudrait accélérer le temps, mais anxieuse, aussi, du fait de l'incertitude. Cette relation qui s'annonce aura-t-elle un devenir ou bien son excitation retombera-t-elle comme un soufflet ? Elle y pense sans cesse, examinant chaque hypothèse, les yeux mi-clos. Si ce nouvel amour se confirmait, il lui faudrait alors affronter les explications avec son mari, sa culpabilité… Et si cette histoire s'interrompait aussi soudainement qu'elle avait commencé, elle sombrerait dans la mélancolie ; et ce serait pour longtemps, elle le sait… Que faire ? C'est exactement la question du rêve : « Que faire ? Y a-t-il quelque chose à faire pour aider le destin ? »

Il me fallait lui proposer un acte à accomplir qui réponde à l'interrogation de son rêve. C'est pourquoi je lui dis :

Mon conseil

Permettez-moi un conseil, chère Brigitte, protégez-vous ! Protégez-vous des deux côtés, de la puissance de votre désir et de la crainte de la déception. Pour cela, suivez les indications de votre rêve qui insiste en évoquant ces sacs et ces bagages… Vous devez bien avoir un sac à main que vous n'utilisez plus – un sac en bon état. Offrez-le à une amie dans le besoin, ou à une association caritative, que sais-je ?

Elle en a accepté l'idée sans réserve. Peut-être se représentait-elle déjà le sac qu'elle donnerait. J'ai alors ajouté :

Mon conseil

Donner permet d'accepter le plaisir sans se sentir coupable, de ne pas être en dette vis-à-vis du destin quand il nous fait des cadeaux !

Rêve 27

« Mes bagages disparaissent… »

Je viens de lire l'article dans Psychologies Magazine *où vous analysez un rêve et je saisis ma chance… Je vais donc vous raconter le mien. Il s'agit d'un rêve qui revient périodiquement, qui m'intrigue, dont je ne parviens pas à saisir le sens. Et voilà que je l'ai refait la veille de la lecture de l'article. Alors, je me suis décidée !*

Je suis dans un aéroport, je marche dans des couloirs, je dois prendre un avion ou j'en descends, je ne sais plus… Et je m'aperçois que tous mes bagages ont disparu. Les mains moites, je suis angoissée. Je cherche partout mais ne les retrouve pas. Je retourne dans l'aéroport qui s'est vidé de ses passagers. Mon ex-compagnon est maintenant dans les parages. Je lui fais part de mon désarroi ; je souhaite qu'il m'aide à retrouver mes bagages, mais il s'en moque. Je me réveille en sueur. Je mets un moment à réaliser… ce n'était qu'un rêve !

Je fais ce rêve souvent, avec un autre décor ou d'autres objets, mais il s'agit du même rêve ; je le reconnais. Parfois je perds mon sac à main ou mon portefeuille, mais je me réveille toujours dans ce même état d'angoisse qui dure toute la journée, voire les jours qui suivent…

CHARLOTTE, 53 ANS, AGENT COMMERCIAL, MARSEILLE

Second rêve mettant en images le même thème de la perte des bagages… Est-ce le même rêve pour autant ? Il ne s'agit pas de la même personne ; l'environnement social, le contexte familial, l'expérience personnelle des deux femmes sont très différents. Plus encore, la question traitée par le second rêve n'a rien à voir avec celle du premier. Comment comprendre qu'un même thème ait été adopté par les deux rêves ? Si le premier, celui de Brigitte, recherche le coup de pouce à ce destin qui lui promet un amour nouveau, le second, celui de Charlotte, que je vais présenter maintenant, recherche le moyen de l'extraire de la fascination morbide pour sa mère. Ils ont peut-être en commun l'urgence dans laquelle elles se trouvent toutes deux de « larguer les amarres »…

Charlotte insiste. C'est un rêve récurrent, qui se répète, comme s'il frappait à sa porte. Chaque fois, elle sent une pression, une sorte de rappel à l'ordre qui lui serait adressé. Mais elle n'en connaît pas le contenu. Je lui réponds de but en blanc qu'elle a peut-être pris une décision qu'elle ne parvient pas à mettre en œuvre dans sa vie. Son rêve reviendrait périodiquement lui rappeler cette promesse faite à elle-même.

Elle rebondit en admettant qu'elle a pris la décision de changer ; elle ne veut plus être le souffre-douleur de sa mère, toujours là, à ses pieds, sa serpillière… Ce serait donc pour cette raison qu'elle rêverait de perdre ses affaires, ses papiers d'identité, son portefeuille… Car si elle parvenait à changer, à échapper à ce lien mortifère, ce qui l'identifiait jusqu'alors deviendrait obsolète d'un seul coup. Est-ce bien cela que je veux dire ?

Charlotte me raconte une enfance triste, entre un père distant, peut-être indifférent, et une mère déprimée, qui concentrait son aigreur dans l'intensité du lien avec sa fille. Elle décrit longuement une mère et sa fille figées depuis toujours en un permanent face-à-face de demande d'amour, le reproche de l'une se perdant au miroir de celui de l'autre. Elle se demande encore : comment aurait-elle pu satisfaire cette mère déçue par sa vie, aigrie par les ans, cette mère qui n'avait jamais une parole de tendresse ni même un sourire ? Malgré les belles études qu'avait réussies Charlotte, les fonctions intéressantes qu'elle avait occupées dans différentes entreprises, elle était restée son déversoir, son bureau des plaintes et des larmes. Elle a pu penser un temps qu'elle réalisait dans son métier les rêves non accomplis de sa mère – à travers ses études qu'elle lui expliquait, ses voyages qu'elle lui racontait… Eh bien non ! Elle ne recevait en retour que critiques, remises en cause et paroles amères.

Elle a même pensé que les relations difficiles, toujours ambivalentes, à chaque fois vouées à l'échec, qu'elle a entretenues avec les hommes étaient calquées sur ce lien noué avec sa mère, de violence et d'amour imbriqués.

Alors que Charlotte avait cette fois décidé de couper définitivement les ponts avec elle, sa mère l'a appelée au téléphone. Elle a pris un ton de circonstance pour s'excuser de tout ce qu'elle lui avait fait subir. Et surtout elle a fondu en larmes en lui déclarant qu'elle se savait une mauvaise mère. Et Charlotte y a cru ! Elle s'est laissé prendre une nouvelle fois au mirage de la reconnaissance. Sa mère allait enfin l'apercevoir, l'entendre, la comprendre… Mais aussitôt qu'elle est revenue vers elle, tout a recommencé ! Les reproches, les plaintes, l'amertume, les malédictions…

Durant notre conversation, Charlotte s'est souvenue que c'est après cet épisode de réconciliation ratée que le rêve de perte des bagages est apparu pour la première fois. Nous tenions donc le contenu de la promesse (rompre les ponts) et ce qui entravait sa réalisation (son amour pour sa mère et sa culpabilité à l'idée de l'abandonner). Alors, il me fallait, comme toujours, trouver la parole qui permette au rêve de s'incarner dans la matérialité de la vie éveillée. Voici ce que je lui ai dit :

Mon conseil

Vous êtes particulièrement douée, vous le savez, pour les études, pour la compréhension fine des personnes et des situations, mais vous ne parvenez pas à vous faire confiance, à croire ce que vous sentez. Permettez-moi de vous donner un conseil,

chère Charlotte, allez à la piscine, deux fois par semaine, et là, plongez ! Oui, plongez... une dizaine de fois au moins.
Car figurez-vous, lorsqu'on plonge, au moment où on est en l'air – plus sur un support ferme et pas encore dans l'eau –, c'est à ce moment précis qu'on accepte de changer !

CHAPITRE 7

... Rêver de sa propre mort, se voir mort en rêve ...

Si les images des rêves proviennent de l'expérience intime du rêveur, les thèmes prennent leur source dans son monde culturel. C'est une évidence qu'on a tendance à oublier. On pense que ce que l'on a appris sur un rêve est valide à travers le monde. C'est une erreur ! Un même rêve – serait-il typique – n'est pas appréhendé de la même façon, ne reçoit pas la même réponse en Inde, en Chine, en Afrique ou en Sibérie… Plus encore, certains thèmes de rêves peuvent être particulièrement fréquents dans une partie du monde ou à une certaine époque et totalement absents dans une autre. Tels sont, par exemple, « les rêves d'Œdipe », comme les désignait Artémidore[1], ces rêves où un homme s'unit à sa propre mère. Dans la Grèce de l'Antiquité, il était, sinon répandu, du moins possible. C'est ainsi que l'on peut comprendre la fameuse remarque de Jocaste dans

1. Artémidore de Daldis, « Du rêve d'Œdipe », *in La Clef des songes*, *op. cit.*, p. 88-92.

l'*Œdipe-Roi* de Sophocle qui répond à son fils inquiet : « [...] Dans leurs songes, bien des hommes ont rêvé qu'ils s'unissaient à leur mère. » Il faudrait seulement ajouter : « En Grèce... », car les « rêves d'Œdipe » sont très rares dans la France d'aujourd'hui. Quant à moi, en quarante-cinq ans de pratique, je n'ai entendu raconter un tel rêve que deux fois seulement. La conclusion s'impose : il arrivait aux Grecs de l'Antiquité de rêver d'accouplement avec leur mère car, à la différence de la nôtre, leur culture incluait le mythe d'Œdipe[1].

De la même façon, les rêves dans lesquels le rêveur se voit mort, puis démembré, assistant éberlué à la cuisson ou au remplacement de ses organes internes ou de ses viscères, sont relativement fréquents en Sibérie ou chez les Indiens des plaines de l'Amérique du Nord[2]. Ce sont des rêves d'initiation au chamanisme qui mettent en scène la métamorphose de la personne, partie après partie, représentée par la cuisson de ses organes. Le chamanisme étant absent de notre culture, de tels rêves y sont très rares. Lorsqu'ils surviennent néanmoins, ils nous laissent désemparés. Il est bon alors de prendre connaissance de ces traditions lointaines, étrangères à

1. Voir mon commentaire dans *La Nouvelle Interprétation des rêves, op. cit.*
2. Mircea Eliade, « Rêves et visions initiatiques chez les chamans sibériens », *in* Roger Caillois et G. E. von Grunebaum (dir.), *Le Rêve et les Sociétés humaines, op. cit.*, p. 315-323. Pour les Indiens des Plaines, les exemples sont nombreux. On peut lire par exemple la biographie rédigée par John Neihardt : *Élan Noir. Mémoires d'un Sioux,* Paris, Stock, 1977.

notre monde, pour glaner des idées permettant d'éclairer les rêves de nos contemporains.

La séquence de ces rêves de mort tels que les ont rapportés les anthropologues est connue. Après sa mort et la reconstruction de son corps, le rêveur monte au ciel pour y converser avec les dieux, descend aux Enfers pour rencontrer les esprits des chamans disparus avant d'être ressuscité en son nouvel être d'initié. Car ce sont là des rêves d'initiation, où l'on est introduit à des connaissances nouvelles tout en modifiant la chair de son être.

Je ne prétends pas que le rêve de Solène que je vais présenter soit proprement un rêve d'initiation chamanique, mais il en contient certains mouvements fondamentaux. La connaissance des séquences chamaniques auxquelles je me référais plus haut m'a permis de conduire le rêve de Solène aux portes de l'éveil.

Rêve 28

« Je me vois dans un coffre… »

Dans le rêve, je fouine dans le grenier de la maison de mes grands-parents à la recherche de trésors cachés… Livres, photos, breloques… Au-dessus de l'armoire, j'aperçois un vieux coffre. Je grimpe sur un escabeau et parviens à le descendre malgré son poids. Lorsque enfin je parviens à l'ouvrir, je découvre un cadavre… Le mien !, mais à l'âge de 4 ans.

C'est le corps d'une belle petite fille, parfaitement conservé. Et, dans un tiroir, des photos du jour de mon décès, à l'âge de 4 ans, le jour du baptême de mon cousin… D'abord effrayée, puis perplexe, je me demande : suis-je morte à 4 ans ? En ce cas, est-ce moi qui suis vivante ou suis-je une autre ? C'est alors que je me réveille…

SOLÈNE, 30 ANS, CLERMONT-FERRAND

En écoutant le récit de ce rêve, je découvre, étonné, au moins deux ingrédients spécifiques aux rêves d'initiation chamanique : 1° la rêveuse aperçoit son propre cadavre, se demandant si elle est morte et si elle a été métamorphosée en une autre personne après sa mort ; et 2° cette découverte intervient alors qu'elle recherche des trésors cachés et des secrets dans des livres anciens. Mort et métamorphose d'une part, initiation à des secrets, d'autre part… Voilà typiquement deux ingrédients des rêves chamaniques.

Pour rassurer Solène et l'inviter à s'engager plus avant dans l'analyse, je lui dis que les rêves où l'on se voit mort expriment souvent un changement radical et illustrent ce paradoxe : comment le *moi* peut-il souhaiter changer ? Comment peut-il décider sa propre mort ? De cela, Solène en avait eu l'intuition, puisqu'en se réveillant elle a spontanément pensé que l'enfant mort représentait la mort de son enfance. Mais alors, pourquoi cette idée l'a-t-elle attristée à ce point ?

Solène me relate alors un souvenir. Lorsqu'elle était âgée d'environ 4 ans – l'âge de la fillette du rêve –, sa mère a quitté le foyer pour rejoindre un autre homme que son père, l'emmenant avec elle. Mais la gamine s'est cabrée en une détermination farouche. Elle hurlait, pleurait, exigeait le retour auprès de son père. Si bien que, sous la pression des scènes continuelles de sa fille, la maman s'est résignée à réintégrer le domicile conjugal.

Bien étrange souvenir qu'elle exprime pour la première fois. Elle se demande : est-ce possible qu'une gamine de 4 ans soit résolue au point de faire plier sa mère ?

Si la mère a fini par réintégrer le foyer, la relation avec son mari ne s'était certes pas apaisée. Lorsque Solène a eu 17 ans, ses parents se sont séparés pour de bon. Cette fois, sa mère est partie avec ses deux frères cadets, la laissant seule avec son père. Une seconde fois, la situation la contraignait à changer. La voilà sommée de s'adapter à une configuration familiale nouvelle. D'autant que sa grand-mère, qu'elle aimait plus que tout, seul élément stable d'une famille en ébullition, est décédée au même moment.

Chassée de l'enfance par le divorce de ses parents, elle a aussitôt reconstruit une personnalité de femme-enfant avec son amoureux, qui est vite devenu son mari. Elle me raconte qu'avec lui, ils sont tous deux comme des enfants, passant des soirées entières à jouer, à plaisanter et à rire. Ils ont bien essayé d'avoir un enfant mais il ne venait pas. Ils n'ont pas insisté, pas consulté de spécialistes, pas cherché à « forcer la nature ». Quant à Solène, elle me confie avec franchise qu'elle n'en était pas dérangée, ne souhaitant pas plus que ça devenir mère. Elle regarde avec étonnement ses amis rentrés dans le rang. Elle les trouve trop sérieux, englués dans leurs problèmes d'adultes ; elle plaint leurs visages gris et leurs pensées tristes. Du reste ce rêve où elle s'est vue morte est survenu après une discussion très vive avec sa meilleure amie – une discussion qui a tourné bien mal, Solène lui déclarant pour finir qu'elles n'avaient plus rien en commun.

Je pense alors que le rêve de Solène est une interrogation sur sa façon de grandir sans céder aux contraintes qui lui sont imposées par le monde. Elle se sait récalcitrante. À l'âge de 4 ans, déjà, elle a préféré mourir plutôt que changer. Je me dis qu'elle a besoin de grandir en préservant ses dons d'enfant.

Voici le conseil que je lui ai donné :

Mon conseil

Chère Solène, je formulerai ainsi la question de votre rêve : « Grandir… Est-il nécessaire de mourir pour grandir ? » Il s'agit d'une vraie question, profonde, complexe, qui concerne chacun d'entre nous. Vous me permettrez d'y répondre par un conseil.

Étudiez ! Vous qui êtes douée pour apprendre, retournez à l'université, engagez-vous dans l'obtention d'un diplôme de haut niveau. C'est ainsi que l'on grandit sans mourir, que l'on donne de plus en plus de consistance au personnage de l'enfance : en le laissant perdurer le plus longtemps possible sur des bancs d'école. La nouvelle personne qui naîtra alors de cette longue initiation sera la véritable réalisation de l'ancienne.

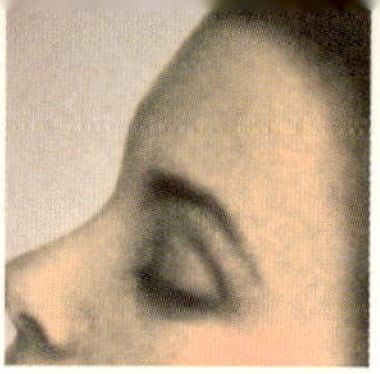

CHAPITRE 8

... Autre rêve de mort et de métamorphose ...

On dit souvent que les rêves s'expriment par leur contraire, que la tristesse ou les pleurs y annonceraient des réjouissances à venir et les morsures de bêtes sauvages l'arrivée d'une somme d'argent. Je ne sais pas si ce processus d'inversion est aussi fréquent que le prétendent les commentateurs, qu'ils soient anciens ou modernes, mais il est certain qu'il fait partie de la grammaire des rêves. Et on peut se demander si un rêve comme celui que je vais présenter plus bas, qui met en scène la propre mort du rêveur, n'est pas nécessairement inversé. Il est si difficile d'imaginer que l'on accueille sa mort comme un bienfait...

Comment savoir ? Eh bien, il existe une terre ferme, un point lumineux à partir duquel s'engager dans la discussion autour d'un rêve. C'est la bizarrerie, lorsqu'elle existe, ce détail impossible ou anachronique, qui a alimenté longtemps les poésies surréalistes. Et il existe une position théorique à tenir lorsqu'on aborde cette part d'étrangeté que véhicule plus ou moins un rêve. Il convient toujours de se poser la question suivante : dans quel monde, dans quel groupe, à quelle condition, l'énoncé qui attire l'attention par son étrangeté devient-il une parole naturelle, parfois la résolution d'une énigme ? Il ne s'agit donc pas de rechercher la signification (par exemple « symbolique ») de tel ou tel élément du rêve, mais bien l'espace réel où tel ou tel énoncé perd sa charge d'étrangeté.

Artémidore (encore !) nous a enseigné cette méthode sans jamais l'expliciter aussi clairement que je le fais, mais par une multitude de récits qui y ramènent. Prenons par exemple le rêve célèbre que, selon la légende, Aristandros interpréta à Alexandre de Macédoine. Alors que le jeune empereur assiégeait Tyr, il vit sur son bouclier un satyre jouant de sa flûte. Voilà donc une singularité, et c'est par elle que l'interprète pénétra le rêve. Il s'empara du mot *satyros*, qu'il décomposa en *sa Tyros* – ce qui signifie en grec : « Tyr est à toi ! » Alexandre redoubla d'ardeur au combat et s'empara en effet de la ville de Tyr. Exemple typique, disais-je, où l'interprète ne se soucie pas de rechercher le sens du mot *satyros* ou du bouclier ou de la flûte – seulement de se demander en quelle circonstance l'énoncé *satyros* est une parole logique. Le contexte dans lequel il place le texte lui confère toute sa force. Des dieux parlent à Alexandre et lui prédisent l'issue de la bataille : *Sa Tyros*, « Tyr est à toi[1] ».

1. Artémidore, *La Clef des songes*, *op. cit.*, p. 233.

Dans le rêve que je présente maintenant, on verra que c'est la rêveuse elle-même qui fournira le contexte de l'étrange texte qui attire d'abord l'attention de l'interprète.

Rêve 29

« C'est si agréable de mourir… »

Mes proches et moi décidons de mourir ensemble, considérant que c'est la meilleure solution. Nous avalons une potion et poursuivons nos activités. Peu à peu, je me sens étrange, comme dans du coton. Je dis aux autres : « Ça commence… » et leur demande s'ils ressentent la même chose que moi. Je ne me rappelle plus l'identité des autres – mon fils et mon mari, certainement ; d'autres personnes aussi. Dans cet état, j'éprouve un surprenant apaisement et, quand sonne mon réveil, j'ai du mal à m'extraire de mon rêve. Je cherche même à y retourner en pensant : « C'est si agréable de mourir. » Ce n'est qu'à la quatrième sonnerie que je me réveille enfin, bouleversée par son contenu lorsque je me remémore mon rêve.

AMBROISINE, 45 ANS,
ASSISTANTE EN PHARMACIE, VAR

La bizarrerie longuement développée dans ce rêve d'un groupe de personnes décidant de se donner délibérément la mort atteint son acmé dans l'énoncé qui sonne comme une énigme : « C'est si agréable de mourir. »

Il faut préciser d'emblée qu'Ambroisine a été durement affectée par une succession de morts. Lorsqu'elle était âgée d'une vingtaine d'années, sa sœur aînée est décédée brutalement d'une crise cardiaque. Et ses deux parents, son père et sa mère, ont suivi leur fille dans l'année. Sa famille a donc été fauchée en quelques mois. Et cela ne s'est pas arrêté là ! Il y a une dizaine d'années, Ambroisine a perdu son mari, prématurément emporté par un cancer. Après cela, elle a traversé, c'est bien compréhensible, une longue période de deuil… Durant les cinq années qui ont suivi, elle a vécu de manière automatique, comme coupée de ses émotions, une sorte d'automate. Elle n'était tenue que par cette seule obligation de mener à bien l'éducation de son fils. C'était là son guide, la faible lueur qui orientait ses pas.

Lors de notre conversation, quand elle repense à toutes ces morts, elle exprime une idée surprenante. Ils sont tous partis, me dit-elle, sa sœur, d'abord, son père, sa mère ensuite, et son mari, comme s'ils s'étaient donné le mot… Partis ensemble ! Et ils l'ont oubliée seule sur terre, avec son fils. Elle reconnaît aussitôt la scène du rêve où des personnes réunies décident délibérément de mourir par le même acte volontaire. Elle se demande si le rêve n'exprimerait pas son regret de ne pas avoir fait partie de ce groupe de partants pour la mort et le souhait de les rejoindre…

Mais je sais qu'un rêve n'a pas pour fonction de dresser un constat. Il ne viendrait certainement pas ici fournir une image grimaçante de sa nostalgie des disparus. Alors, je décide de porter mon attention sur la bizarrerie de son récit. Je lui demande quelle peut être cette sensation de bien-être qu'elle éprouve dans son rêve… Sans doute l'a-t-elle spontanément reconnue. En effet, me répond-elle, il s'agit de cette détente que procurent les exercices de qi gong et de méditation auxquels elle participe régulièrement depuis quelques mois. Elle me précise qu'elle y prend beaucoup de plaisir. Ainsi, la phrase : « C'est si agréable de mourir » renverrait à l'arrêt des pensées exigé par la méditation. C'est bien comme une mort – une mort provisoire de la pensée – à laquelle se livre le groupe de qi gong.

Puis, elle me raconte les chemins par lesquels elle a rejoint ce groupe. Elle hésite ; elle en a un peu honte. C'était à la suite d'une consultation chez une voyante. Une amie, impressionnée par son histoire, désolée de la tristesse d'Ambroisine, aussi, l'y a un jour traînée. Et cette femme, la voyante, l'a fortement impressionnée. Elle ne lui a posé aucune question, l'a seulement regardée au fond des yeux et s'est mise à parler, comme inspirée ou en transe. En quelques mots, elle lui a tout révélé… que la mort s'était acharnée sur ses proches et que, depuis, elle ne vivait plus ; qu'elle ne pouvait pas continuer ainsi, qu'il allait falloir s'occuper d'elle-même… Et ce fut comme un électrochoc ! C'est à la suite de cette unique consultation qu'elle a décidé de s'occuper de son bien-être.

Alors, pour reprendre la question que nous posions au début, la réponse est : « Oui ! » Oui, le rêve d'Ambroisine comporte bien une inversion. Il s'agit de mourir, certes, mais provisoirement, en une sorte d'exercice et dans le but de renaître ensuite plus fort, comme on sort d'un mauvais rêve.

Je constate avec Ambroisine que l'amélioration que lui procurent ses exercices de qi gong est encore fragile. Il suffit qu'elle interprète mal certaines pensées et la voici à nouveau captée par ses morts, fascinée… Je pense qu'elle a besoin d'être rattachée fermement à la communauté des vivants.

C'est pourquoi je lui dis :

Mon conseil

Permettez-moi un conseil, chère Ambroisine. Vous qui êtes attirée par la pensée bouddhiste, demandez qu'on vous noue ce fil blanc au poignet gauche, qui vous relie à la vie. Ainsi protégée, vous ne craindrez plus d'être approchée puisque la voyante vous a aussi prédit, vous me l'avez avoué à mi-voix, que « bientôt, vous rencontreriez quelqu'un »...

— VI —

Rêves et mythes

CHAPITRE 1

... Séquence mythologique dans un rêve ...

Dès le XIXe siècle, des auteurs importants ont proposé l'idée selon laquelle les récits des grandes mythologies du passé sont des sortes de rêves collectifs, semblables dans leur construction à ceux perçus par une personne dans le secret de ses nuits. Freud a, par exemple, décrit les mythes comme des *rêves de l'humanité* et incité ses élèves à partir à la recherche des grands mythes qui auraient traversé les frontières et les temps[1]. C'est ainsi qu'Otto Rank, l'un de ses disciples, proposa une sorte de récit prototypique, celui de la naissance du héros, dont il voyait des expressions dans des mythes aussi éloignés que la légende de Gilgamesh, la naissance d'Œdipe, de Moïse, celle des héros germaniques ou encore de Jésus-Christ[2]. Jung, quant à lui, considérait

1. Un texte qui tente de faire le point sur la question : Bernard Juillerat, « Un mythe est-il un rêve collectif ? » *Topique*, 2003/3, 84, p. 33-42.
2. Otto Rank (1909), *Le Mythe de la naissance du héros suivi de La Légende de Lohengrin*, Paris, Payot, 1983.

les mythes comme une sorte de théâtre où s'exprimait ce qu'il appelait des *archétypes*, des projections de l'inconscient collectif, autrement dit les embryons de rêves de l'humanité entière[1].

On peut se demander ce qu'il reste aujourd'hui de ces grandes élaborations des deux siècles précédents… Peut-être les questions ont-elles été mal posées, ou bien étaient-elles trop ambitieuses. Il reste certainement une interrogation encore plus aiguë, une tension née d'un questionnement resté sans réponse. Sait-on aujourd'hui mieux répondre à la question de la fonction des mythes ? Comment se fait-il que la plupart des sociétés humaines ont développé des récits des origines, des généalogies de personnages divins, des chroniques de batailles épiques avec des êtres monstrueux, aussi complexes que singuliers ?

Si les explications d'autrefois se sont estompées avec le temps, les récits mythiques demeurent et sont même renouvelés à chaque génération. Les adolescents raffolent toujours des mêmes histoires mises au goût du jour et se jettent avec passion sur la collection complète de *Harry Potter* ou de *Star Wars*. Plus encore, la charge émotive des mythes, restée intacte, est d'autant plus forte qu'ils apparaissent au sein d'un rêve.

---

1. C. G. Jung, *L'Homme et ses symboles*, Paris, Robert Laffont, 1964.

Voici donc un rêve qui reprend un récit mythique très connu, partagé par les trois religions monothéistes, celui de Jonas avalé par une baleine.

Rêve 30

« Je suis dans le ventre de la baleine… »

Je suis en mer ; et c'est comme si je cherchais à échapper à un danger. Je me retrouve dans le ventre d'une baleine, réfugiée très en avant, au niveau de sa gueule. Et lorsqu'elle l'ouvre, je vois la mer entre ses dents. J'ai peur mais pas trop… C'est comme si je savais qu'elle ne me ferait aucun mal. Puis, à un moment, je me retrouve à l'intérieur, dans ses entrailles, dans le noir. Dans la séquence suivante, je suis sortie de la baleine. Recueillie sur un bateau, j'emporte avec moi, lui aussi sorti de la baleine, un petit garçon qui a perdu ses parents. J'explique à l'équipage qu'il nous faut les retrouver.

RYMA, 37 ANS, SECRÉTAIRE,
RÉGION DE MARSEILLE

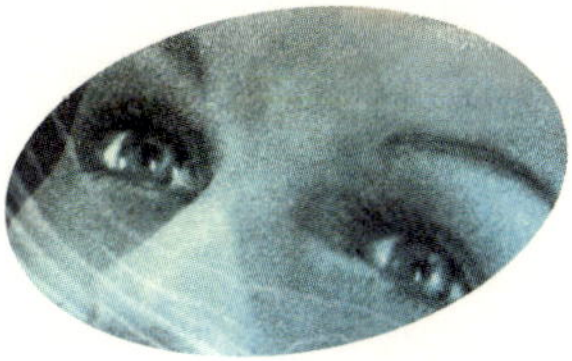

Chaque rêve, nous l'avons compris, prend à bras-le-corps une question que se pose le rêveur ou bien tente de résoudre un problème qui se présente à lui avec insistance. Le rêve est une machinerie qui ne connaît ni lassitude ni émotion. Il s'y reprend à plusieurs reprises, s'acharne, y revient et s'il lui arrive d'aboutir, il laisse au rêveur la sensation d'un message qu'il devient indispensable de décoder. C'est ce qui est arrivé à Ryma qui, après ce rêve, y repense presque chaque jour, pressentant qu'il contient une vérité essentielle sur elle-même.

Ryma reconnaît d'emblée que la question qui l'obsède est celle de l'indécision, de l'hésitation entre deux voies. Elle est ainsi, me dit-elle, toujours perplexe, jamais assurée du choix qu'elle a fait. Le doute est chez elle bien plus qu'un tourment, une seconde nature ! Elle était mariée depuis quinze ans avec un homme plus âgé qu'elle – un homme qu'elle aimait sincèrement et, surtout, qu'elle respectait. Mais un jour, il y a trois ans de cela, elle en a rencontré un autre, de son âge. Et ce fut une véritable passion qui l'a bouleversée, tant sur le versant amoureux que sexuel. Prise entre deux hommes, pour elle, la situation est vite devenue intenable. Elle a donc fini par divorcer. Mais une fois séparée de lui, elle se rend compte qu'elle ne pouvait se passer de son premier mari. Si bien qu'elle le rencontre tous les jours, pour de longs moments de discussion, se demandant si elle a bien fait de le quitter.

Ce caractère double, cette hésitation permanente entre deux choix, elle l'attribue à ce qu'elle appelle sa « double culture ». Grandie au Maroc, dans une famille aisée, éduquée là-bas dans des écoles françaises, elle est arrivée en France sitôt atteinte sa majorité. Elle voulait une vie moderne, comme celle qu'elle avait entrevue dans les ouvrages qu'elle dévorait. Aujourd'hui, elle se sent de là-bas et d'ici – ou bien faut-il dire : d'ici et de là-bas ?

Si c'est bien là son contexte mental, son rêve, elle le sait, a été déclenché par un événement précis – un événement heureux ! Ryma est enceinte depuis un mois et demi. Elle a longtemps hésité, bien sûr, avant d'accepter d'avoir un enfant – très longtemps ! – mais, les années passant, elle a fini par prendre la décision. Elle a l'intuition que les images du rêve, ce ventre de baleine (elle qui redoute tant de trop grossir), cet enfant qu'elle recueille, renvoient à sa grossesse. Et c'est précisément ce qui l'inquiète. Elle se demande quel est le message que lui adresse son rêve. Y a-t-il des inquiétudes à avoir quant à la santé de son enfant ?

Je lui fais remarquer que son rêve emprunte bien des éléments à la légende de Jonas que l'on trouve racontée dans les trois religions monothéistes. Jonas, on s'en souvient, ayant reçu de Dieu l'injonction de prophétiser à Ninive, tente d'y échapper en prenant le bateau pour Jaffa. Lui aussi a longtemps hésité ;

lui aussi a tenté d'échapper à son destin. Après le naufrage de son bateau, son sauvetage miraculeux dans le ventre de la baleine l'a finalement rattrapé. Une fois recraché par elle sur une plage, il cédera aux injonctions divines et reviendra à Ninive y porter la parole de Dieu. À mon sens, Ryma a parfaitement intégré le raisonnement mis en scène par le récit biblique. La mort-résurrection de Jonas l'a transformé au point qu'il peut alors assumer sa nouvelle fonction de prophète.

Je pense que le point commun entre les deux histoires, celle de Jonas et celle de Ryma, se trouve précisément dans le ventre. Elle pressent que l'arrivée de l'enfant l'expulsera durablement de son doute perpétuel. C'est ce que je veux lui signifier par le conseil que je lui donne.

Je lui dis :

Mon conseil

L'arrivée de cet enfant, chère Ryma, en vous contraignant à l'action, réunira vos deux parties toujours en contradiction.
Alors, permettez-moi un conseil. Commencez à réfléchir au prénom que vous lui donnerez. Il est évident qu'il devra avoir un rapport avec le nom de Jonas.

CHAPITRE 2

... Rêves de serpents, de crocodiles et de bêtes pernicieuses qui attaquent par le bas ...

Au XIXe siècle, on pensait sérieusement qu'il existait une inimitié instinctive entre certains animaux rampants et les femmes. La phobie des araignées, des serpents, des lézards, des souris, était réputée maladie de femme. On se souvient des dessins humoristiques de femmes perchées sur une chaise, hurlant à la vue d'une minuscule souris. Les psychanalystes attribuaient cette phobie à une terreur sexuelle, une peur irraisonnée héritée de l'enfance, de « la bête » qui grimperait le long de ses cuisses à son insu, jusqu'à pénétrer son sexe, sans doute... Autrement dit, la peur du viol. On ne se rendait pas compte que les racines de cette peur étaient plus lointaines encore et sans doute plus profondes.

On en trouve un énoncé explicite dans la Bible. Au chapitre III de la Genèse, après l'épisode de la séduction, pour le punir d'avoir incité la première femme à goûter au fruit de l'arbre de la connaissance du bien et du mal… « Puisque tu as fait cela, dit Dieu au serpent… Je mettrai l'inimitié entre toi et la femme… ; celle-ci s'acharnera après ta tête et toi tu t'acharneras après son talon. » Ainsi le serpent nourrirait-il une prédilection pour le talon des femmes et les femmes une rage contre la tête du serpent.

Salomon Reinach, historien des religions et érudit, qui étudia les mythologies de l'Antiquité au tout début du XXe siècle, a interprété l'apparente fable moralisatrice de la Bible comme une déformation de sources anciennes où le serpent était une sorte de divinité pénétrant la femme et dont la morsure provoquait les menstruations. Il était par conséquent à la fois cause de ses douleurs et source de ses capacités reproductrices[1]. Et si l'on examine la figure du serpent dans les coutumes ancestrales de la Grèce antique, notamment son utilisation dans les rites d'initiation des jeunes filles, comme les mystères d'Éleusis, il apparaît en effet comme une divinité chtonienne (de la terre), une « racine animée », qui assigne la sexualité de la femme à sa lignée.

Ce rapide regard jeté sur la mythologie des rampants, objets de phobie, dessine une sorte de halo de sens autour de la sexualité féminine, allant des tentations du désir aux contraintes des appartenances

1. Salomon Reinach, *Cultes, mythes et religions*, Paris, Éditions Ernest Leroux, 1906, tome II, p. 396-400.

familiales et de la référence obligée aux ancêtres… Il est certain que ces idées nous aideront à accompagner Véronique dans son questionnement au sujet de son rêve.

Rêve 31

« Des bêtes rampent sous mes pieds… »

J'étais avec des personnes difficiles à identifier, à part mon ex-mari et mon ami actuel. Nous marchions dans une rivière. Soudain, j'ai aperçu un crocodile, nageant dans un ruisseau qui débouchait là. Puis l'animal a surgi et a mordu une personne au pied. J'ai crié : « Je vous l'avais bien dit que c'était dangereux ! » Après cela, je me suis retrouvée avec mon ami sur un petit chemin. Nous marchions l'un à côté de l'autre et il y avait plein de serpents, de couleur jaune, et d'autres petits animaux rampants. En baskets et en short, j'étais terrorisée à l'idée de me faire mordre. Il y avait également plein de puces qui montaient et descendaient sur le bas de mes jambes. Je me suis réveillée peu après, avec un fort mal de tête.

VÉRONIQUE, 48 ANS, SECRÉTAIRE DE DIRECTION,
RÉGION DE PERPIGNAN

Il arrive, comme nous l'avons déjà noté, que les rêves contiennent des séquences issues des grandes mythologies. Lors de notre conversation, nous avons évoqué avec Véronique la façon dont la Bible met en scène l'hostilité entre le serpent et la femme. Les mots puissants, inoubliables, dont elle se souvenait fort bien, du reste… Éternelle trilogie : le serpent, la femme, le désir.

Elle a intuitivement compris, subtile Véronique, que son rêve traite de la décision qu'elle a prise d'assumer son indépendance – à tous points de vue !

Elle me raconte son mariage, sa vie, une vingtaine d'années durant, avec un homme qu'elle n'aimait pas, une existence sans intérêt, des années de tristesse. Elle a sagement attendu que son fils devînt adulte, puis, comme l'Ève biblique, elle a goûté au fruit défendu. Elle a commencé à sortir, d'abord avec des amies, au cinéma, au théâtre. Elle a pris conscience qu'elle était toujours susceptible de plaire. Les hommes la regardaient. Ils la trouvaient élégante, gracieuse. Un jour, elle a sauté le pas. Elle a pris un amant.

Jusque-là, elle n'avait jamais connu le plaisir sexuel. Ce fut une véritable révélation ! Comme si elle franchissait un mur invisible, accédant à un monde dont elle ne soupçonnait pas l'existence… Mais, de même que dans la fable de la Bible, avec le plaisir surgit aussitôt la culpabilité. Elle l'interprète comme l'héritage d'une éducation traditionnelle, à la campagne, au sein d'une famille catholique, avec de nombreux enfants. Tout le monde lui a reproché d'avoir pris le parti du plaisir. Sa mère n'a pas accepté son divorce ; ses sœurs se sont détournées d'elle, refusant même de lui adresser la parole. Elle était devenue une paria. Elle a commencé à se dire qu'elle avait « fait une bêtise »…

Elle s'interrompt alors. « Tiens ! s'interroge-t-elle, ce sentiment de culpabilité n'est-il pas la source de la phrase du rêve : "Je vous l'avais bien dit que c'était dangereux !" ? Dangereux parce que la liberté que je me suis permise a déclenché la violence de toute ma famille. »

Mais ce n'est pas le seul danger ! Si Véronique éprouve toujours du plaisir avec son ami actuel, elle ne se sent pas en accord avec lui sur le fond. On pourrait dire qu'ils ne partagent pas les mêmes valeurs. Il est plutôt traditionaliste et elle, de plus en plus libertaire, presque anarchiste. Alors, elle peut bien « marcher avec lui », ce qu'elle fait dans son rêve – je lui fais remarquer que c'est le sens même du mot *co-ire* en latin, « marcher avec », d'où provient notre mot français « coït » –, elle peut faire l'amour avec lui, donc, mais ce n'est pas suffisant. Une fois que l'on a mordu à la liberté, on y prend goût ! Tous ces reptiles du rêve, ces puces sur ses jambes nues sont les tentations, les aiguillons du désir qui la guettent. Car désormais, elle regarde aussi ailleurs. Seulement voilà, sa culpabilité ne la lâche pas pour autant. Que faire ?

Je pense par-devers moi que si plusieurs ingrédients du mythe dont le rêve a emprunté la forme sont bien présents dans notre discussion, il en manque néanmoins un : l'ancêtre. Le propriétaire de la terre qu'est si souvent le serpent ! On peut être seule, parce qu'on assume une pensée que l'on estime juste mais qui met en opposition à son entourage. Il faut alors l'aval d'un plus grand, d'une « grande personne », comme on dit aux Antilles.

C'est pourquoi je lui dis :

Mon conseil

Maintenant que vous avez conquis votre indépendance, il vous faut vous placer sous la protection d'un ancien. Vous m'avez confié, chère Véronique, que votre grand-père, aujourd'hui décédé, était le seul qui vous comprenait, dans cette famille trop traditionaliste… Lui, au moins, admettait votre liberté de penser, acceptait que vous empruntiez les chemins de traverse.
Permettez-moi un conseil, chère Véronique, rendez-vous sur sa tombe, adressez-lui une prière ; demandez-lui son soutien ! Son souvenir vous apaisera, j'en suis certain.

CONCLUSION

... Vivre et rêver ...

« Partout où j'ai voulu dormir / Partout où j'ai voulu mourir, / Partout où j'ai touché la terre, / Sur ma route est venu s'asseoir / Un malheureux vêtu de noir / Qui me ressemblait comme un frère. »

Alfred de MUSSET,
« La nuit de décembre » (1835).

Au terme de cet ouvrage noctambule, conçu comme un manuel qu'on lira, j'aime à l'imaginer, en un premier temps de manière linéaire, que l'on consultera ensuite par thème, par chapitre ou pour rechercher une idée ou un exemple, je souhaite fournir encore quelques indications au lecteur.

Le choix des rêves est le mien. Je les ai voulus chemins multiples traversant les forêts touffues de nos nuits. Il me reste néanmoins des questions que je ne saurais garder silencieuses. Ce livre est aussi une photographie ponctuelle des rêveurs en un point du monde, en un temps de l'histoire. À quoi rêve-t-on, en France, en ce premier quart du XXIe siècle ? Que l'on ne s'y méprenne pas ! Je n'attribue à mon travail aucune vertu statistique, seulement celle d'une plongée circonscrite dans la profondeur des rêves – une sorte de forage exploratoire.

J'en suis ressorti avec une certitude : on rêve de questions fondamentales, de philosophie de la vie, de métaphysique. Le rêve est un espace de liberté et de fusion intellectuelle. Le couple est une question permanente ; on se demande si on a fait « le bon choix », on passe en revue les autres possibles, les chances que l'on n'a pas saisies ou celles auxquelles on a renoncé. On rêve beaucoup de son ex – ex-époux(se), ex-amant(e) –, comme un rattrapage des occasions manquées. En rêve, nous sommes tous polygames, tant les hommes que les femmes… Non parce que le rêve autorise l'expression de pulsions perverses, comme on nous l'enseignait naguère encore, mais du fait qu'il brasse inlassablement les possibles. On rêve aussi beaucoup des manières d'échapper à la routine du couple, à la monotonie de l'existence. Un grand nombre de rêves cherchent à définir de nouveaux choix de vie. On rêve de liens, de rencontres, de départs, de ruptures, à l'image de notre organe, pénis ou clitoris, qui accompagne le rêve de son érection, hameçon jeté à l'aveugle, toujours à la recherche de liens.

On est étonné… L'étonnement est partie intégrante du rêve ! S'il est absent, si le rêve ne produit aucune bizarrerie qui attire notre attention, s'il est semblable à la réalité éveillée au point qu'on pourrait les superposer, on devrait s'en alarmer. Et au spectacle de ces étrangetés auxquelles le rêve nous invite, nos yeux, écarquillés, s'agitent en tous sens – étonnés !

On rêve du travail, du bureau, de l'atelier, de la boutique, bien sûr ! Non seulement des problèmes auxquels on y est confronté, des jalousies, des conflits de pouvoir ou des affrontements avec la hiérarchie, mais des choix fondamentaux… Pourquoi ce métier-là et pas un autre ? Quels sont les moments qui ont décidé du destin ? Là aussi, on explore les chances ratées et les choix possibles pour l'avenir.

On rêve des morts, aussi, et beaucoup ! L'apparition des morts récents est souvent l'occasion de cauchemars. Au bout d'un certain temps, les morts protègent, conseillent, orientent. La présence des morts n'est pas surprenante. Là aussi, le rêve manipule les fondamentaux – pas la question abstraite de *la Mort,* mais le destin *des morts*. Que devient l'être aimé une fois évanoui de l'existence concrète ? Comment poursuit-il son chemin dans les espaces éthérés de nos mémoires ?

Si les rêves traitent des questions posées par la vie quotidienne, ils vont à l'essentiel, ne s'embarrassent pas de correction ou de politesse, ne ménagent ni le rêveur ni son entourage. On pourrait dire que, en règle générale, le rêve est plus audacieux, plus critique, plus intelligent que le rêveur. Mais le rêve est coincé, confiné en son espace hors du monde, dépourvu de muscles, de sensations, de pesanteur. C'est pourquoi il constitue toujours un appel adressé à la cantonade, une exigence d'interprétation.

On pourra certes lire ce manuel en cherchant à comprendre ses propres rêves. On y trouvera des idées, des pistes, des exemples. On pourra être attiré par des similitudes avec ses propres rêves ; on sera tenté de s'appliquer l'interprétation que j'ai proposée ici ou là. Que le lecteur se sente libre de le faire. Je suis heureux de contribuer à l'effervescence des idées que provoque nécessairement le rêve. Mais rien, à mon sens, ne pourra remplacer la ruée de l'énergie vers le réel que provoque l'interprétation par un tiers investi, un onirocrite.

Je disais, en introduction à ce livre, ma chance d'avoir pu m'entretenir, des heures durant, avec des rêveuses et des rêveurs. Chaque discussion au sujet de leur rêve s'est inscrite en moi comme une manière de dévotion envers la vie.

Considérant que chaque rêve est une expérience singulière, unique, un don des forces obscures destiné spécifiquement au rêveur, j'ai voulu montrer combien chaque analyse de rêve est nécessairement une plongée dans la vie de la personne… et chaque interprétation un élan vers sa destinée.

Si la théorie du rêve peut être formalisée, seulement de manière relative, tenant compte de l'état actuel de nos connaissances, l'interprétation d'un rêve est davantage œuvre de création. Dans les premières pages, je caractérisais l'onirocrite comme un « artisan obligé » ; j'ajouterai ici l'importance de la bienveillance, d'un amour désintéressé pour la vie. *Artisan obligé, certes, mercenaire du bien, aussi !*

La pensée commune énonce cette vérité d'évidence : « Dormir, c'est mourir un peu. » Certes, puisqu'on disparaît alors aux réalités du jour, mais il faudrait aussitôt ajouter : « … et rêver, c'est renaître ! »

Du point de vue de la biologie, la mort a une fonction essentielle dans la sauvegarde de l'espèce. En laissant la place aux générations suivantes, elle permet aux mutations génétiques de s'exprimer. La mort est donc bien la condition nécessaire de l'évolution et, par conséquent, de la possibilité d'adaptation à des environnements nouveaux. Je suis impressionné par un processus très semblable qui se déroule pour chacun, chaque nuit. Là, le sommeil profond (qui pourrait être comparé à une mort), condition du sommeil paradoxal, permet, grâce au rêve, un bouleversement radical des pensées du jour. Je vois dans cette chance offerte quotidiennement de transfigurer les évidences, la capacité de régénération qui est la fonction première du rêve.

Si, souvent, la vie n'est pas un rêve, rêver, c'est toujours renaître à la vie !

... Index des thèmes des rêves ...

... Index des problèmes traités par les rêves ...

... Table ...

— II —

Le rêve est un mouvement de l'âme

– III –
Rêve et cauchemar

– IV –
Rêve est un autre

– VI –
Rêves et mythes

DU MÊME AUTEUR

CHEZ ODILE JACOB

Philtre d'amour, 2013.

Psychothérapie démocratique, avec Nathalie Zajde, 2012.

La Nouvelle Interprétation des rêves, 2011.

Le Divan et le Grigri, avec Catherine Clément, 2002.

613, 1999.

Psychothérapies, avec Alain Blanchet, Serban Ionescu et Nathalie Zajde, 1998.

Soigner. Le virus et le fétiche, avec Catherine Lewertowski, 1998.

La Parole de la forêt initiale, avec Lucien Hounkpatin, 1996.

Psychanalyse païenne, 1995.

L'influence qui guérit, 1994.

Cet ouvrage a été composé
en Adobe Garamond Pro
par Nord Compo
à Villeneuve-d'Ascq (Nord).

Aubin
IMPRIMEUR

N° d'édition : 7381-3462-X – N° d'impression : 1607.0246
Dépôt légal : septembre 2016

Imprimé en France